爱国主义教育丛书·聂耳三部曲

聂耳在北京

主编◎ 寸丽香

中国旅游出版社

聂耳在指挥演奏（梅家红 作）

1932 年北京云南会馆里聂耳（前右二）与云南同乡合影

聂耳（后左）与好友许强（后右）、李纯一（前左）、陈钟沪（前右）合影留念

聂耳（右）与好友许强（左）合影留念

聂耳（右二）和友人在北京游览合影留念

聂耳（左一）和友人在北京九龙壁合影留念

1928 年 11 月底，作为中共地下党外围成员的聂耳（右）响应地下党组织"开展兵运工作"的号召，到范石生任军长的 16 军当兵

聂耳（左）与陈钟沪（中）、许强（右）
游览颐和园

1932 年北京云南会馆聂耳的云南同乡（前）
陆万美
从左：桑即藩　陈少禹　何宏远　陈钟沪

序

王　锋[①]

　　2022 年是人民音乐家聂耳诞辰 110 周年，值得纪念。寸丽香主编的《聂耳在北京》一书，由中国旅游出版社公开出版，这是一件大好事。

　　在图书付梓之际，简单谈四个方面的体会。

　　第一，《聂耳在北京》一书是拓展党史学习教育活动的重要成果。2021 年，中国共产党迎来建党 100 周年，全党上下重温党的百年奋斗史，学史明理、学史增信、学史崇德、学史力行，全国各民族人民更加紧密地团结在伟大的中国共产党周围，踏上实现第二个百年奋斗目标的新征程。按照党中央和习近平总书记的要求，全党要进一步巩固拓展党史学习教育成果，把学习贯彻党的十九届六中全会精神引向深入，引导广大党员、干部深刻领悟中国共产党为什么能、马克思主义为什么行、中国特色社会主义为什么好，把思想和行动统一到党中央要求上来，以强烈的历史主动精神奋进新征程、建功新时代。《聂耳在北京》一书，就是巩固拓展党史学习教育活动的新成果，对广大青年学子特别是在京青年学子尤其具有教育意义。中国旅游出版社以高度的政治站位，敏锐地发现这本著作的重要价值，并全力给予出版支持，体现了传承红色基因的责任担当，值得高度赞誉。

　　第二，《聂耳在北京》是贯彻落实习近平总书记对云南工作重要指示的积

---

　　① 王锋，白族，1971 年生，云南大理人。1999 年在中央民族大学中国少数民族语言文学学院获博士学位。中国社会科学院民族学与人类学研究所副所长、中国民族语言学会副会长兼民族语文应用专业委员会主任、中国民族古文字研究会常务理事、中国语言学会理事、北京市语言学会理事、中国语言资源保护工程核心专家。

极实践。伟大的人民音乐家聂耳，是千百万云南爱国青年的杰出代表。作为地处祖国西南边陲的云南，自从鸦片战争以来，特别中国共产党成立以来，涌现出一批批勇立于革命潮头的先进青年，以张伯简、王德三、聂耳、周保中等为代表的一大批云南各民族的优秀儿女弘扬爱祖国、爱家乡、爱民族的优良传统，秉持救亡图存、国家统一和民族复兴的初心使命，在马克思主义和中国共产党先进思想的引领下，投身于中国革命和建设的伟大事业，抛头颅、洒热血，立下了可歌可泣的卓越功勋。2020年习近平总书记在视察云南时指出："云南有光荣的革命传统，有很多感人肺腑的动人故事。要把这些故事作为'不忘初心、牢记使命'教育的生动教材，引导广大党员、干部不断检视初心、滋养初心，不断锤炼忠诚、干净、担当的政治品格。"今天云南的发展，最大的短板是思想解放不够，文化发展滞后。我们要认真思考，为什么在一百多年前，地处祖国边陲的革命青年能够走在中国革命的最前沿？核心就是各民族青年要胸怀家国命运，积极探索和接受先进思想，勇于开拓创新。《聂耳在北京》的编纂，是对习近平总书记要求的贯彻，也是对云南各民族革命精神和先进文化历史脉搏的积极探索。

第三，《聂耳在北京》一书补充并丰富了聂耳研究的重要环节，选择了一个十分重要但以往很少关注的主题作为切入点，令人耳目一新。众所周知，聂耳自离开云南以后，主要在上海开展革命活动，关于聂耳的研究也主要集中在他在上海乃至日本的时期。聂耳在北京的三个多月，很少有人了解并予以重视或进行专题研究。事实上，这三个月是聂耳从一个爱国者、革命者成长为共产主义战士的重要阶段。《聂耳在北京》通过对聂耳日记以及其他相关材料的系统收集和整理，清晰地勾勒了聂耳在北京的思想发展历程，充分说明了在京三个多月对于聂耳思想发展的重要意义，丰富和深化了对聂耳思想成长史的认识。与聂耳研究相类似，周保中将军在云南工作三年、北京的云南会馆等，都是云南党史研究的薄弱环节。在这方面，《聂耳在北京》提供了非常好的范例和启示。

第四，作者高举民族团结和各民族美美与共旗帜，弘扬主旋律的刻苦精神值得学习。寸丽香同志作为国家机关工作人员，在系统学习中共党史、改革开放史等四史教育过程中，以滇籍革命先辈的精神为榜样，发扬爱祖国、爱民族、爱家乡的传统，在繁忙的工作之余，花费大量的时间和精力收集和整理云南籍各民族仁人志士的先进事迹，并为之奔走呼吁，积极宣传先辈事迹，传承红色文化基因，令人感动。在寸丽香的积极倡导下，有关部门已先后组织纪念儒学大师梁漱溟先生、首任中共云南省委书记王德三同志、中华人民共和国出版事业开拓者和奠基人黄洛峰同志、"神州试管婴儿之母"张丽珠教授、"两弹一星"元勋王希季院士、抗日民族英雄周保中将军等座谈会和相关活动，产生了积极的社会反响。《聂耳在北京》一书的编纂，是寸丽香同志一以贯之的精神的体现，值得学习。

祝贺《聂耳在北京》顺利出版，并产生积极的社会影响，为党的二十大献礼。

2022 年 2 月

前　言

在聂耳 110 周年诞辰之际，笔者决定将各界多年来对于聂耳在北京的相关素材整理出版，遂成《聂耳在北京》。

本书以聂耳日记（北京部分）和聂耳及其作品在北京的影响为主线，反映了聂耳在北京云南会馆勉强解决温饱吃住，到清华北大求学，为东北义勇军将士义演，与流亡北平的东三省同胞及"北漂"人士交流互动，与乡亲好友到中南海、太庙、颐和园、香山考察，向国际级小提琴家拜师学艺，参与创建北平左翼音乐家联盟等活动，探寻聂耳音乐创作提升，并为《义勇军进行曲》创作打基础的一段特殊经历。全书以日记、史实及当事人回忆为基础，再现聂耳生前身后，尤其是聂耳作品及《国歌》旋律在北京、在全国甚至全球产生的巨大影响。

书中引用了大量的参考文献，对著作者深表感谢。因水平有限，不足之处在所难免，敬请广大读者批评指正！

寸丽香

2022 年 2 月

目　录

聂耳作品篇

评述篇

媒体报道篇

回忆篇

怀念篇

聂耳作品篇

聂耳日记（北京）注解

一九三二年

八月六日

早上找金焰①，"联华"事大约有望。

预备回来吃他们的饯行饭，原来他们并无准备，我只有措辞说吃过。

决定到北平②一转，白天在家收拾行李。到锦晖③家，我知道他要和我谈的是什么话，我当然很圆滑地去应付他。

空了肚子找雨笙④，未遇。两个小面包解决一天的肚子问题。

雨笙来，他介绍我住在他亲戚家。

---

① 金焰（김염），原名金德麟（1910—1983），中国韩裔男演员，聂耳在沪好友，曾出演《热血男儿》《野草闲花》《大路》等，获"观众最喜爱的男明星""最漂亮的男明星""观众最愿和他做朋友的男明星"三个奖项。

② 北平，北京旧称。"北平"一词最早源于战国时燕国置右北平郡。1368年元大都易名北平府，取"北方和平"之意。明永乐十九年（1421）明成祖朱棣迁都北平，改名为北京，与南京对应。"民国"十七年（1928），南京国民政府设立北平特别市，简称北平。1949年9月27日，中国人民政治协商会议第一届全体会议通过中华人民共和国首都设于北平，更名为北京。聂耳日记原文，不再更替。

③ 黎锦晖（1891—1967），汉族，湖南湘潭人，中国流行音乐奠基人，儿童歌舞音乐作家，中国近代歌舞之父。曾任《平民周报》主编，1929年组织"明月歌舞团"，后并入联华影业公司。1949年在上海美术电影制片厂担任作曲。

④ 郑易里（1906—2002），原名雨笙、重良，云南玉溪人，农学家，科技情报和电脑汉字形码专家。早期从事马列主义著作译编出版工作，主编《英华大词典》《苏联农业科学》《农业科学译报》等。最早开始汉字形码研究，对汉字在计算机应用起到先导和推动作用。主持《ZN电脑汉字26键拆根编码方案》获部级科技进步一等奖，《字根通用码》被命名为"郑码"，获全国科技信息优秀成果一等奖。

八月七日

六点钟起来收拾行李，P①们已起来，空气异常惨淡。斯咏要我和她说话，她把我们俩的手拉上。

四先生送我上船，要一点钟才开。我们上岸到老师家，吃早点，在码头闲坐挨时候。又在船上谈，他走了。到四点钟才开船。因为昨晚睡得不够，老早上床补睡眠。

八月十日

风平浪静，三天三夜后今晚漂到大沽口。由码头坐无灯火车到塘沽，搭九点半的夜车到天津，住旅馆。一宵没睡，写了二十八封信。在船上遇金焰的老同学，同住一小屋。

八月十一日

取行李，花席丢了。坐九点半早车，十二时半到北平正阳门车站。坐洋车到宣武门外校场头条云南会馆②，在门口遇李纯一、许强、陈钟沪③。吃蛋炒饭、谈天、收拾房间。晚饭后和许强、桑即藩④游中山公园，钟沪后来。十时回，拉琴。

八月十二日

脑痛，日记改做账簿式。

---

① P，指朋友。

② 云南会馆，1628年始建于朝内北小街鹤庆籍京官李大受私寓，清朝实行满汉分城居住，被迫迁到宣外校场头条，后由乾隆年间熊郅宣、蒋文祚两位滇籍官员捐资兴建。后又增建新馆，叫"云南新馆"。云南会馆是戊戌变法纪念地，是维新派联络活动的重要场所。云南维新派在康有为、梁启超的直接帮助下，曾在此成立"滇学会"。"五四"时期，会馆曾住过王德三、王复生、王孝达等滇籍人士。聂耳于1932年在北京期间在此居住。现为北京市宣南文化遗产中重要的文物保护单位，恢复建筑面积2038.67平方米。

③ 许强与陈钟沪是聂耳在昆明的同学，李纯一是陈钟沪表姐。

④ 桑即藩（1905—1987），又名张云林、唐江，云南丽江古城人。1930年入中国大学哲学系。曾参加北平"一·二九"抗日救亡运动。1942年在丽江永胜工作。1946年到上海与读书生活出版社黄洛峰、陆万美取得联系。后到台湾参加二·二八起义。1947年到华北解放区参加新区工业建设工作。1949年随党中央参加接收北京的工作，入一机部工作。

晨被洗衣妇女叫醒。坐洋车至前门外西湖董振华商行找老宋^①，刚好他昨天下午回津。原车拖回小五条找杨枝露家，遇其父，交谈多时，同往达智桥（宣武门外）甲七号访万山青，刚遇她在门口，坐谈约半小时。

坐洋车到西四宫门口后坑白丽珠^②家，她妈出门，有白老太太者说丽珠是她侄孙，约明早在杨屋等其母。杨请客吃小馆子。扁豆酱、莲子、子鸡、鱼。午饭后找四爷^③，谈话多时，告详情，他要我到欧洲去。晚，马匡国^④请客到"青云阁"听大鼓、杂耍。洋烛完。

八月十三日

昨晚接四先生、黑炭及转来廖伯民的信，我对于"明月"的那些人还是不要太把他们看高了。伯民对于影片公司事也无具体办法。

到枝露家赴白母约，她因事未到。和杨父谈，留"联华"团体照片给他们看。午到"法大"（法政大学）洗澡，淋水浴。在西单牌楼"英林"吃冰激凌，到"华北饭店"找"梅花"未遇。回家用破木板做谱架拉基练。吃云南火腿。晚在钟沪屋瞎唱。许强伤风卧床，后在杨哲夫屋唱京、滇戏。

八月十四日

接黎四爷电话，他有事不能来。午饭和钟沪谈。和许找张老师，在栖凤楼。东安市场吃冰。五时半看"中天"（电影院名称）《情种》。

晚和夏钟岳谈。

八月十五日

上午在万山青家里谈，她介绍她的三哥万芸，谈话颇投机，送了我两本新出的杂志。午饭后和钟沪同往西直门小后仓林太太家，我一人找四爷，他的吹

---

① 宋廷章，聂耳在上海明月歌剧社时的同事，乐师。

② 白丽珠（1927—1992），又名白虹，北京人，明月歌舞团成员，聂耳在上海时的同事。曾出演《无花果》《孤岛春秋》《美人关》《雾夜血案》等影片。

③ 四爷即黎锦晖四弟黎明，湖南人，聂耳在上海时的朋友。

④ 马匡国（1907—1952），字佑生，昆明宜良人，1932年云南陆军讲武堂第21期毕业，曾被授予昆明市党部少校军衔，作为昆明便衣侦察队等反动势力搜捕聂耳，追踪至北京。

工太大。在林家晚餐。晚在院里谈话，拉琴。有张梧冈、李安廷来。

八月十六日

游中南海公园，晚在"洋车夫"（杨哲夫绰号）屋放小电影。中元节，夜游北海公园，一时回。

八月十七日

晨在桑即藩屋谈。午至"法大[①]"洗澡。打乒乓球。晚放电影，吃冰激凌。

八月十八日

晨起游北海。陆万美、钟沪、何思恭、陈汉、小博士、"碰团儿"喝十一杯茶。

到灵境胡同九号韩国美家，遇其姐。

八月十九日

一个人由会馆坐洋车到西单牌楼，乘一路车（红底黑字）到西直门。走出门外一看，简直像透了昆明的大、小西门。再坐原车到太平仓换坐四路到北新桥，经后门，又由北新桥坐二路到天桥。这儿是一个底层社会的缩影，什么卖艺的、唱戏的、变把戏的，无奇不有。因为我来得太早，没有饱尝滋味。坐一路车回到西单。

小白的母亲来找我两次，第二次在我刚进门的五分钟之前。到枝露家，杨父说她已回去，谈了一会便回。

许强向我借了二十元汇给陈少贞，我很高兴地帮忙。他问我和钟沪代考学校事，我有点不敢答应，英、数、理、化实在无把握。

---

① 中法大学成立于1920年，是在民国初年蔡元培组织发起的留法俭学会与法文预备学校和孔德学校的基础上组建的。最初设在西山碧云寺的法文预备学校扩充为文理两科，改称中法大学西山学院，是该大学创建之始。1924年孔德学校在阜成门外成立。1925年将文科移至东黄城根北街。1939年在昆明建立中法大学附中。1940年中法大学理学院等在昆明复课。1946年夏，中法大学分别在北平、昆明招生。同年10月19日，学文、理、医三院各系在北平复课。1950年9月，中法大学校本部及数理化等院系并入北京工业学院（1988年更名为北京理工大学）。中法大学旧址位于北京市东城区东黄城根北街甲20号，现为北京市文物保护单位。

晚上在杨哲夫屋开"草包大会"时，李纯一提议去看中华艺团。已经九点半钟，忙着赶到"中天"，《铁与血》演了一半，休息后才开始卖艺。

有乐队、钢琴、提琴一、Lrumpel（小号）、soprano saxophon（萨克斯）各一、鼓一。各乐谱面书有 Joy，Fun，Toy，这是他们的团名。奏乐全是平凡的 Jazz（爵士）味。

表演节目中最使人佩服的有巧舞火棒、玩响簧、倒唱歌曲等。全场情绪，紧张非常。台柱讲各国及国内各省的方言，也颇有趣味。

步月而归，沿途称赞不已。联想到古时的飞檐走壁之事，不见得是虚传。

摸黑睡觉，想到蝎子的故事有点害怕。

八月二十日

何宏远把我叫醒，我忘了他请我游万牲园（北京动物园）这回事。急忙坐在咖啡店吃早点。

出西直门坐洋车不远便到。门票两毛，怪无聊地好像走一趟"兆丰公园"出来。再回到西单牌楼，吃凉米线。遇同乡杨春洲[①]，他夫人也是在学提琴。回家知韩国美的姐韩树芳来找过，留有名片。

在宏远屋看《时事新报》，有电影栏，全是过去《电影时报》的撰稿人——尘无、聋人、水草，不知他们是如何地变动？有王人美拍《都会的早晨》消息。

阅《读书月刊》，遇同乡陈、王等，打乒乓球。

晚，认识"联华"第五厂某君[②]，是万美、宏远的朋友，谈了不少"联华"事。"他也认识金焰"，这是他们特别标明给我听的。其实，有多稀奇？

一天从早到晚，写信也没有工夫。晚在自己屋和"洋车夫"谈，他赞成我仍回到电影界去，也有道理。

---

① 杨春洲（1903—2000），汉族，云南石屏人，民革成员。1921年省立第一师范学校毕业，入北京师大。1926年入职国民革命军第 16 军政治部。1927 年 4 月回北京复学，后在北京任教。1935 年赴日本留学。1937 年回国任上海暨南大学附中教导主任，后回云南任云大附中校长。1947 年 9 月于云南大学任教，次年赴香港工作，1949 年 9 月赴北京，任教育部中等教育司副司长，后调华北革命大学学习，毕业后于云南师范学院任教，后任省政协副主席。

② 许多，又名许可，中国左翼戏剧家联盟成员。

八月二十一日

昨夜起夜拉泻，这肚子好像简直坏了。我总以我这健康的身体自骄，不理它。

听说北平礼拜天的早电影是给青年学生幽会的好机会，今早到"真光"①去赶热闹。《错尽错绝》，去得太早，整整在那空气污浊的戏院坐了三个钟头。我算好，和小陈汉逛了一转东安市场。但走出电影院来，头已经是够昏的了。

肚子里又动作起来，不能再等，市场里去解放了。

犹豫了半天，终于决定到和平门外"清华楼"吃水饺。"我的身体是强壮的！"我常作如此想，所以就是肚子泻成这样，还在空肚子里喝了汽水，接着吃八个大水饺，半碗大油馄饨。

钟沪要我吃泻油，他们说起这油的效用很大，把她的经验谈告我，怎样吃，几点钟后肚子里泻得干干净净。似乎很不费半点力就能医好了这病，我也和他们作同样想法。

八月二十二日

午饭后何宏远、许强陪我去找医生，西长安街中国医院。时间已过又拖回来，这一等要到下午六时才能看病。多半的同乡还是主张吃泻油，说昨天并没有吃得痛快。

和昨晚情形差不多，但次数较多，一夜不能安静地上半点钟。

八月二十三日

今早已成赤痢②。为省钱计，找门口崔松泉大夫开了一个药方，上午吃过两次，到晚饭时没有一点作用，又吃一次。晚上照样工作，次数更多。许强搬在我屋里陪我。

---

① 北平电影院名，位于现东华门中国儿童剧场。

② 赤痢，中医称大便中带血不带脓的痢疾。痢下多血或下纯血者。即血痢。《诸病源候论·痢病诸候》："热乘于血，则流渗入肠，与痢相杂下，故为赤痢。"

八月二十四日

再找崔医生，照样工作，无效。下午病势加重，起床都费力。

往北京医院就诊西医姚大夫。打了针，用玻璃管塞在屁股里洗肠子，吃黑药水。一天只喝了两碗米汤。

钟沪也拉起痢来，前两天她还来招呼我，今天她也上"北京"来看病。

收效少，痢未止亦未转，次数也差不多，做夜工太难支持。

八月二十五日

再洗肠子，吃黄色药水，味像果子露。痢变泻，热水袋功效大。

八月二十七日

精神稍稍恢复，再上医院，给二日量的黄色沉淀药水。次数减少，可以多吃一点稀粥。用热水袋催泻，特别有效。食前吃药，食后拉泻，这样有规律地过了两天。

八月二十八日

早饭前吃完最后一次药，明显好转。晚在钟沪屋谈天，李表姐（李纯一）在谈最近一对特别快的恋爱故事。她又比较和批评摩登女士和旧道德的女子，由此可知她仍是一个旧道德观念很重的女子。她考"北大"落第了。

今天是一对同乡马希融①、万家静举行订婚典礼，听说他们只经过五天的恋爱生活。这倒有趣！

几天没有出房门，今晚能串门子，谈天，心里异常高兴。

八月二十九日

许强到"中国大学"看榜归来，他和钟沪都考取了。正在陈家胡同大佛寺

---

① 马希融（1905—1952），又名新传、世凯，汉族，云南红河县人，昆华中学毕业，1926年入日本九州仙台东北帝国大学，与地质学家李四光同窗。曾任国立云南大学、工学院地质学讲师，是云南地矿先驱，曾筹组中国地质学会昆明分会。马希融在云南从事锡盐铁等矿产工作多年，对地质古生物学等都有研究。1951年任一平浪盐厂副厂长兼主任工程师。

门口谈笑之际，张凤岐、何宏远要往"师大"洗澡，扯着手巾便跟他们去。

到"师大"自习室找人借肥皂，等了半天不见人，自己到盥漱室里去翻，偷偷地出来。他们说去找张梧冈借，结果是在大门外买了一块。到了沐浴室，热水已罄。我用冷水抹擦，他们很担心怕着凉，我觉得很舒服。张凤岐的跳舞，草包哉！

他们要看书预备明天的第二试，我去剪发，游中山公园，在里面吃面点，价钱比较"荷兰号"贵一倍。晚饭吃了一碗干饭。在一号房坐了一会，让陈老弟（陈钟沪）读书，闯门子到三号。

谈起玩中乐（国乐），一会儿他们把会馆的乐器搬了出来，有三弦、笛子、二胡、四胡等，合奏《梅花三弄》还可以听得。

睡了这几天，腿也软了，瘦得只剩一副骨架子，我那些肥肉不知跑到哪儿去了？！

八月三十日

他们去复试。我七点钟出门去中山公园，想碰碰那奇怪的老洋人①。在里面游两小时之久，什么也没有。

坐电车至东单栖风楼，访张老师，未晤。

顺便到六十四号于秀文家，坐了一个钟头。她的父母、哥哥、姐姐都在。她母亲想让她哥哥、姐姐加入"明月"，请我帮忙。

坐三号车至西四，十四枚的洋车拖到宫门口后大坑白家，她母亲又不在家。和那老人家站在门口谈了一会，见她的小弟弟。

正和洋车夫嚷着"九号！九号！"韩树芳在车前面走着回了回头。她是从西口出去。我下车，她向后转，我也跟着她走，好像要说的话已经说完了，到底走到她家有什么意思？我一时聪明起来，告她不用回去。我叫了洋车，就此分手。她的左手因坐洋车跌坏了，就医。

回家吃午饭时，他们还没有回来。饭后大雨，下跳棋。

送热水袋还黄五姐（黄香谷），她们屋里很热闹，请我按风琴。她们都要

---

① 老洋人原为昆明海关的外籍职员，后到北京六国饭店工作，与聂耳是老相识。

留我过"中秋"，萧大汉①跑过来约到"农大"过"中秋"。看他们都是很诚恳地要留我。

天晴了，突然听他们说要上西山，马上便走，赶三点半的汽车。当然，少不了我，拾了一床毯子便出发。在西单牌楼等一路车，他们又去买东西，只剩我和一位素来少说话的袁小姐。结果李表姐没等来，我们先走了。到了西直门，她也在同一辆车上下来，原来她跑在前面。

挤在破汽车上待了半点钟才开，颠了一个多钟头才到香山脚，颠得我绿嘴绿脸②。

被洋车夫敲竹杠，由香云旅社门口到邱房（正黄旗）十七号，三十枚一辆。

主人都不在家，上卧佛寺洗澡去了！纯一、梧冈、何宏远、光汉、袁芝芬我们六人走到葡萄园，先吃饱再买，我只是看着他们吃。

新认识的同行者侯奉昆、高仁夫、高衮父，其余周伯珊、周鼎祥都是从前知道一点的。

自己做饭吃，忙得怪有味。喝了点酒，饭量也增加了些。

晚上在左屋里谈，少有兴趣。周伯珊的学郑文斋唱戏，并不高明。十点钟便睡，何、肖、我三人挤一床，横睡。

八月三十一日

起床和肖、何、袁出去散步，爬上一个小山坡，在山顶上可以眺望北平城内的北海塔、景山，四周一看，心里感到无限的开展。我简直舍不得下山，这一片绿黄色西郊，看去有着初秋意味。香山上的别墅、寺庙沉静地立在那些绿绿的林丛里。玉泉山的宝塔雄伟地耸在山顶，村里和半山上突出的堡垒，形势极其庄严。围着我们住宅的四个堡垒，真像四颗大印。

他们已下山去买烤白薯，我还在山上慢慢地眺望，想给它留下很深的印

---

① 萧大汉即萧光汉，云南文山人，1930年萧光汉在北京农业学院读书期间患脑膜炎。治疗后患上严重的偏头痛。幸得父亲手制"生三七粉"治愈。抗日战争爆发后，他就职的昆明农校奉命往外县疏散，他则留在昆明做起"三七"生意。1938年在昆明福照街28号开设"开化三七庄"，经营"三七粉"，大获成功。1956年加入公私合营昆明市药材加工厂。

② 昆明话，面无血色。

象。由往"八大处"的汽车路走回，汽车驰过，跟着涌起一团黄灰，我很是气恼。

从离家还没有吃过水豆腐，想不到在此地可以吃到这么嫩，这么鲜味的"豆腐脑"，我一连吃了四碗。

他们领着游香山，先至宫门，有一对雕刻精致的铜狮立在宫门两旁。从前这儿是一所宫殿，现在只剩一道大门。

入宫门，登小山坡，有熊希龄[①]的"双清别墅"[②]，里面布置得雅致，胜过"叶家花园[③]"十倍。登山有洋式住宅，一个小池里挤满了金黄色小鱼，也有一小部分黑色的。它们听我的指挥："向后转"，我们说笑话，"这是熊希龄的教育"！以慈善致富的熊希龄办的"慈幼园女子师范"也是在香山上，现在因外面虎疫[④]盛行，不许游人参观。

通过香山饭店登半山亭，石桌子上剩有一盘未完的残棋，萧、何对战。半山亭上哭寡男人[⑤]，骗得四个从未吃过的北平特产小白梨。

步行去游"卧佛寺"，基督教青年在这儿开什么"美以美"会。有一游泳池，水来自山泉，看他们游泳。侯兄听说是这儿的大健将，看他游水的姿势和时间的持久，果真名不虚传。

走到"碧云寺"，登最高层，原是中山故陵，现在是他的衣冠墓。寺后

---

① 熊希龄（1870—1937），字秉三，号明志阁主人、双清居士，湖南凤凰人。民国时期政治家、教育家、实业家和慈善家。曾任北洋政府第四任国务总理。十五岁中秀才，二十二岁中举人，二十五岁中进士，后点翰林。光绪二十四年（1898）因参加百日维新运动被革职，后调奉天盐运使。武昌起义时到上海与各方周旋，后出任北洋政府财政总长和热河都统。民国二年（1913）7月被任命为国务总理，后因热河行宫被盗案被迫辞职。

② 双清别墅，原为清代皇家园林香山静宜园"松坞山庄"旧址，咸丰十年（1860）和光绪二十六年（1900），遭英法联军和八国联军洗劫焚毁而废弃。别墅得名于院内石壁淌出的两眼泉水。1917年熊希龄在此创办香山慈幼院救济孤儿。1949年3月25日至8月底，毛泽东、朱德、刘少奇、周恩来、任弼时从西柏坡搬到达北平，当晚住颐和园，次日进驻双清别墅。双清别墅是中国共产党"进京赶考"的第一站，是"北京市青少年教育基地""全国爱国主义教育示范基地""全国重点文物保护单位""北京市不可移动革命文物"。

③ 叶家花园，位于上海江湾政民路507号（今上海市第一肺科医院内），原为浙江镇海巨贾叶澄衷之子叶贻铨（字子衡）建造。清宣统二年（1910）江湾跑马厅建成后，叶从所获利润中筹款，建造了这座花园，主要供赛马赌客休息游乐，占地77.636亩，内设弹子房、瑶宫舞场、电影场、高尔夫球场等游乐场所，时人称之为夜花园，曾一度对外开放。

④ 虎疫：霍乱病。

⑤ 聂耳假扮妇人哭寡男人。

有密密的白皮松围着。在寺前正坐在石阶上，可以远眺北平市，我们都不想动了。

走道回，已经六点半钟，病后走了这么多路着实太疲倦。

这晚饭特别合口味，吃了一只鸡。

饭后在院里谈天，李纯一、张梧冈各讲了一个妖精故事，简直是拿"聂耳博士"寻开心。他们逼我表演了好几个节目，使他们笑声不止。

今晚高仁夫进城去，睡他有帐子的床，厚厚的被，睡了一宵的舒服觉。

九月一日

高仁夫很早便从城里赶来，他带来《世界日报》，有沪形势更严重消息：日军在沪西示威，日舰集中黄浦江，向市府提出禁止报纸上反日言论和一切抗日运动。市民以为将再演第二次沪战，所以近来满城风雨，马路上只见搬家的人。最近还有日人组织的和"血魂除奸团"等对称的团体大肆捣乱，空气异常紧张。他们都劝我暂留北平，可是我听到这种消息越想赶回去赶热闹。

主人之一张儒翰①回来，原来也是从前知道的。石屏人又加一个，他们占七人，差不多大部分是迤南人②的势力。因为我说的是石屏话或是还有别的关系，他们要我算半个石屏人。萧光汉也是这样。

正在吃饭，姚祖佑赶到。豆篷下一张床板大餐桌上围了十四个人，这是从未有过的盛举。

昨天走得太疲劳，不愿出去，在家里看门。袁、萧、何游山转来，不辞主人便走。今早的菜是袁小姐做的，她算是还清了债，一走了之。

肚子特别饿，自己冲鸡蛋，吃冷面包。

晚在屋里被请再度表演，我做一个"周游世界"，累得我头疼发热。张儒翰用石屏话讲"秀才写信"，特别有味。

---

① 张儒翰，云南石屏人，北京师范大学毕业，曾任石屏师范学校校长。
② 元、明、清三代，曾将云南分为迤南、迤东、迤西三个道进行治理管辖，迤南即为云南南部地区。

九月二日

吃羊奶鸡蛋早点，肚子胀得会打连珠屁，这是好现象。在去游团城①道上，我站着打屁，李表姐以为我是走不动。

团城是皇帝阅兵之处，城前大操场，现成果子园。张公用石屏话念碑文，当然传神。绕了一个大圈游牧场，偷苹果，捉小鸡。

回家老许和钟沪来，这是出我意外的。这样，我可以陪他们再玩两天，不然，我真在不住了。

午饭后带他们游"卧佛寺""周家花园②"。钟沪洗脚。

晚饭后出去散步，回来讲鬼故事。

九月三日

鬼故事一般：苏中心，开黑店，日本小学生与白布包，尸变用白布拉，漏比老虎厉害。红灯笼裤脚，大红脸在门头上。

香山上的"鬼"，她们吓得倒洗脚水都不敢出去。

好一个阴森的空气。

早晨带了望远镜游双清③、半山亭，什么玉皇岭、颐和园的十七孔桥、昆明湖都很明显地看得清。

由后山绕到对面的半山亭，下山走错路，钻刺蓬，走险道，陈老弟跌好几跤。穿着拖鞋往周家花园洗澡、洗衣。

---

① 北京团城有两处，此处应指京西团城（另一处在北海公园），位于北京香山南麓，始建于乾隆十四年（1749）。演武厅在团城南侧，三间，黄琉璃瓦歇山顶，前方砌有宽大的月台，乾隆皇帝曾在此检阅八旗军队。厅南为演兵场，现辟为果园。它是北京仅有的一组具特色的城池式武备建筑，是北京仅存的集城池、殿宇、亭台、校场为一体的武备建筑群，古建艺术风格独特。

② "周家花园"，又名"退谷"或樱桃沟，也叫北京植物园樱桃沟，位于卧佛寺西北，是两山所夹溪涧，因富有野趣而著称。明代于山涧两旁遍植樱桃树得名；如今樱桃树已不复当年盛况，地名却流传下来；樱桃沟除樱桃外，杏桃、海棠、牡丹、芍药等依节气、顺序开放，山花烂漫，溪水淙淙，宛若世外桃源。

③ 双清，即香山双清别墅，位于北京市海淀区香山公园内，因院内石壁淌出两眼泉水得名。院落约七千平方米，门楣上刻"双清别墅"。1949年3月25日，中共中央、中央军委机关进驻北京后，在双清别墅居住和办公。这里是毛泽东等中国共产党人"进京赶考"第一站，曾是中共中央和中央军委指挥中心，见证了中国革命走向胜利的历程。2019年10月7日，双清别墅被中华人民共和国国务院核定并公布为第八批全国重点文物保护单位。

今天算是最快乐的一天。35　35　6.3　5。

周伯珊上山来，带来一个恶消息：有一个电报交云南学会转我的，说我的母亲病，要我速回云南。

晚，碰彳乂儿（CHU ER）①，闹到一时才睡。

九月四日

很早起床，心中有事，大不快活，写信回家。吃了早点，赶七点半的汽车已开，在宫门内桥上等，九时离香山。

回家继续写信，说明我的病况和回滇的困难，我只有到上海去拼命，拼命想法回来。钟沪请看"平安"（电影院名）的 Ben Hur《亡国恨》（又译为《万古流芳》），从前看的是无声，现在却是配音的。在技巧上、布景上、表演上着实伟大，可惜是宣传宗教的。因为看三时时间已过半点，逛市场，在"国强"吃冰。

白丽珠母又来，刚我走后。真是无缘，我去找她，也是碰不着。

张福华由青岛来，谈了半天，十时就寝。

九月五日

起床很早，本想上"协和"看伤风小毛病，没人陪我又懒得去。写雨笙的信，补日记。

睡午觉，看上海报纸直到吃晚饭。只有我和小博士吃。

老许和那外国人简直是一日千里的感情。今天送他照片。晚补日记。

九月六日

晨起游太庙②、中山公园③。我一个人游三殿。

午饭后阅报、打球。张鹤来，白丽珠母来。晚在黄香谷屋谈考学校事。她

---

①　似为原注音，相当于现代汉语拼音的"Chu er"。

②　太庙，现为劳动人民文化宫。

③　中山公园，位于北京市中心紫禁城（故宫）南面，天安门西侧，占地23万平方米，是一座纪念性的古典坛庙园林，原为明清两朝的社稷坛。1925年孙中山先生逝世，在园内拜殿停放灵柩，举行公祭。1928年改名为中山公园。1988年被国务院批准为全国重点保护单位。

们主张我考艺术学院^①。

九月七日

从到天津便唱着的"去清华"，到现在才算去成。起床后等张福华，已经过了预定时间，八时动身，汽车也赶不上。四辆洋车颠到一点多钟，半路的让车很讨厌。看那些车夫却很平常，他们互相的礼貌却是使人佩服。

全是欧化的洋式建筑，图书馆、大礼堂特别漂亮。我们走了一转，在合作社吃午饭。

"清华"有一个历史传下的规矩，凡新生入学后，老班生要公开地大玩弄新生一番。今天正是新生注册之日，门口挂着"欢迎新同学"的大字，男女招待员守在门口迎接。签名后的头一关是到医院体格检查。再进一个宏大的建筑便是所谓的招待处，这儿是体育馆，这儿是新生们人人必经的难关。这儿有比马戏、狗戏更新奇的人戏。

我们进了体育馆，正是他们玩人戏热闹之际。周围围了参观者老学生，有些带有小红布条，上面写着指导员、招待员等字样者，他们是专门干这种工作的，他们是刽子手。应考的新生们穿着一件内衣背心和一条短汗裤。在人声嘈杂的笑声中，他们板着面孔任凭那些刽子手的支配，那新鲜的花样让你不能不笑。就是那些表演者，虽然心里是怎样的不高兴，有时却也逼出可怜的苦笑。

爬单绳的出了风头，一阵掌声，吼声包围了他，他竟不知道这是他的不幸，身体越好的越给你玩得不得下场。

爬在地下用鼻子推进一个皮球，停在一个相距七八尺的小圈内。这看来简直像演狗戏，又像猪用鼻子在地下觅食。

令你在水桶内咬水果，等你的头刚低下，两三个人往水里一按。在你起来

---

① 指北平艺术专科学校，中央美院前身。1918年创立于北京，初名为北京美术专门学校。初设中画、图案两科，后分国画、西画、图案三系。1925年改为国立北京艺术专门学校，增设音乐、戏剧两系。1927年秋与其他七校合并为北平大学，停办音乐、戏剧两系，改称美术专门部。1928年改称北平大学艺术学院，设国画、西画、实用美术、音乐、戏剧、建筑六系，徐悲鸿任院长。1930年改为艺术职业专科学校，1933年停办。1934年复校，改名北平艺术专科学校，设绘画科（分国画、西画）、雕塑科（分雕刻、塑造）、图工科（分图案、图工）。抗日战争爆发后南迁，与杭州艺专合并为国立艺术专科学校。留在北平的部分师生仍沿用原校名办学，1946年艺专重建，设绘画、雕塑、图案、工艺、音乐五科。1950年与华北大学文艺学院美术系合并，建立中央美术学院。

吐水咳嗽时，他们大慈大悲预备好一块手巾给你揩鼻涕、眼泪。

地板上写好了东、南、西、北，要你站在当中蒙了眼睛，四五人围着你像推磨般旋转，站定的时候要你指出你是对哪方。

睡在地上打滚，这简直是玩弄小狗。

要你披着一个大褥垫从东墙跑到西墙再回来。只听着那光脚板打在地板上发出极沉重的声音。

蹲在一根荡木上甩来甩去，令你拿取地上一个立着的木棒，这木棒的位置是恰好给你的手差五分才够得上。这是猴子的玩艺儿。

"反对者下水"贴在游泳池门口，一个云南同乡熊君已玩过这套把戏，幸好他会游水，不然闷不死也要吃几口水。

听说今晚睡到半夜还有人来拉他们的被，要有一个 model（模特）被掷到大操场上。

我们已经看了相当长的时候了，这种表演却是拿钱都买不着看，过后只替那些新生可怜！

新生们对于这种玩弄，不见得会像旁人样的觉得可怜，因为他们还有着报复的希望的。好像婆婆待媳妇一样，一代还一代。

在杨雪芳屋里找着一本《音乐的常识》看，这使我感到异常的趣味，因为我想到要去考艺术学院，不能不有相当的准备。

"清华"的环境着实太好了。我玄想着要是我现在是里面的学生，我将会很自由地跑到大礼堂去练习音乐，到图书馆去读书，到运动场去打球……一时思潮起伏，追忆起学校生活的乐趣。

我想到若是进了平大艺院[①]，重新再度学生生活，这会使我感到何等的悠闲，更想到以后来参加"清华"的乐队演奏。但是，回头想想过了两三年的平静生活以后将怎样？！

算了吧！还是不要异想天开！赶快决定走哪条路：

1.在北平？ 2.回上海？

在昏暗的夜幕里徘徊于"清华"园中，蝉声在唱别离之歌。我发现我的思

---

① 北平大学艺术学院。

潮又潜伏在考学校的玄想中。

九月八日

拿了《音乐的常识》一面散步一面看，在这样新鲜的空气里增进不少的记忆，这种滋味已是二年多没尝过了。当我走过运动场，几个练跑的从我书旁掠过，跟着一阵气喘之声随风飘过，这种情景无异于在"省师"（云南省立师范）的体育场上读书。

到阅报室我总是先找《时事新报》的电影栏，我每看后的感觉总是这样：快回上海工作去！

怎么《天明》《都会的早晨》《春潮》都是高占非①演，不知他们是闹些什么？

小张楫陪我到"燕京②"参观了一趟，到底没有"清华"讲究。午饭后仍是洋车拖到西直门。张福华、何宏远昨天已回去，今天加了小张楫。我俩都在车上打盹，直到西城才醒——只有何大子称了英雄。

老实说，考什么学校？我何必要这样软化下去？！我回到上海去有着我紧要任务，试问我进三年的学校比做三年的事是哪一样的希望大些？！就说学音乐吧，在北平，尤其是在"艺院"，绝不会比上海好的。何况我在上海还有免费的教员。

我决定了。决定回上海去，过了陈老弟的生日，Zimbalist（津巴利斯特）的演奏会，十六日走。

和许、陈试洋服，买高跟鞋，在"上海大鸿楼"吃饭，"国强"喝汽水。

---

① 高占非（1904—1969）即高执欧，天津人，著名演员。曾出演近百部影片，为早期中国电影事业做出贡献。曾入保定军官学校学习，后离开了军校，到上海进入明星公司演员，是聂耳的同事。晚年曾在香港从艺。

② 燕京大学，1919年由四所美国及英国基督教教会联合在北京创办的大学，是近代中国规模最大、质量最好、环境最优美的大学之一，创始人司徒雷登长期担任燕大校长、校务长，他将燕大的校训确定为"因真理得自由以服务"。1928年春，燕京大学与美国哈佛大学合作成立哈佛燕京学社，到20世纪30年代已经跻身于世界一流大学之列，在国内外名声大震。1942—1945年，因日寇侵华内迁成都办学，抗战胜利后回到北平复校，1952年院系调整中，燕京大学被撤销，文科、理科多并入北京大学，工科并入清华大学，法学院、社会学系并入北京政法学院（今中国政法大学）。校舍由北京大学接收，其建筑至今犹存。

今天特别开心。回家和他们写请客帖子。

九月九日

白天李廷媛、钱云环在五姐房，她们请我按风琴。……①

（原稿撕去一页）

九月十日

……

不过四五人，我仅坐在接前排的后一排，要是买二元的票不是太傻吗？

装饰得小巧精致的台上摆着一架崭新的桌面钢琴，它发出几种有色彩的亮光，因为在它的旁边了一盏美化灯罩的站灯。由台上的布置看去，使我忆起几次提琴独奏会的情景来，想不到这却是一个中乐的演奏会。

在沉静的会场里，仔细地读了秩序单。

与其穿了衫子马褂伴着一位洋小姐拿提琴独奏来现丑，不如规规矩矩地"翘着二郎腿"多奏几个琵琶曲，这是我感到朱子栽的傻和这演奏会的一个大缺憾！也许他要特别表现他是中西俱通的缘故吧！

开始是九个人的"协和国乐研究社"的合奏，当中拍鼓板的大概就是朱子栽，因为他们的广告上已经介绍了他是"协和国乐研究社"的导师、师范大学音乐导师。一连奏了四个合奏曲：《行街四合》是快板，有舞曲味；《渔樵耕读》是柔板，旋律很美，着实有农村生活的风味；《五节锦》便是明月音乐会的《五月落梅花》，虽然有些节拍不同的地方，我们当然很容易听出的。轮奏一段是用笛子、三弦、笙、月琴、二胡各奏一句。二胡的指法很不错，听众听完他的 solo 后好像都有很愉快的情感流露出来。笛子还可以，三弦、笙平常，最糟要算月琴，弦都没对准，这个调子全被他弄坏了。后面快板合奏还很紧张，但在我听来还是没有我们奏的入耳；《云庆》是行板，多促音的旋律中有些连续的颤音，有点祈雨的味儿，但和《渔樵耕读》总是一味的东西。

"忽雷"是一种古乐器，最早的时候只是蒙古人所有，后来慢慢传入中国

---

① 本日记的日期部分缺失，原稿此处被撕去一页，缺本日记的以下部分和9月10日日记的开头部分。

宫中，在现代简直没有人拿来做公众的演奏。它的形式下部像小琵琶，上部像三弦的颈，没有品，两条弦，弹用，音色似大鼓三弦，但较之柔和响亮。

这是朱子栽的独奏，他抱着坐在前面，当中背面有二胡和笙的伴奏，这哪里会叫伴奏，简直是齐奏。《登楼》有大鼓味，《混江龙》便是《春天的快乐》第一段。弦总是没对准，听来耳朵有些不好过。

无意识地料想在小提琴独奏时他会换了衫子、马褂，穿上比较方便点的衣服，谁知一开幕在台中立着的还是他那点猫样（他的脸有点像小白猫）。伴奏钢琴的却是一个洋密司（Miss）。他很不自然地调着弦，摆出了一个怪不好看的姿势。

Traumerei（《梦幻曲》）奏完接着是 Chaconne《恰空》（源于西班牙的一种法国舞曲），没有什么高明的技巧，手指的颤动很好。Traumerei 的弓法拉错，最后一句用上弓，最后的 F（F 大调）在弓弦上跳起来。

二胡独奏很平常，像他这样的在上海听过很多。

琵琶独奏的技巧虽不如朱荇菁[1]，可是所奏《阳春白雪》[2]和他自己的作品《商妇泪》，还能刺激每个听众的感情。

《商妇泪》是描写一个唐时皇宫里的宫女，经战争的混乱而失了她在皇家的荣誉，后来和一个穷商人结婚。这种生活的转变使她在她的生命之途上感到万分的悲哀。

九月十一日

拉起基练来，肚子也不知道饿。早上拉基练算是这回比较长些，温习了手指练习。

---

① 朱英（1889—1954），字荇菁，号杏卿，浙江平湖人。从小就读于李芳园私塾，得学琵琶。李芳园亲授，得李艺之精髓，在北京颇有影响，对继承和发展平湖派琵琶艺术有重大贡献。平湖派琵琶艺术是我国琵琶艺术的主要流派之一，李芳园（名祖棻，约 1850—1901 年）为集大成者。李家为琵琶世家，五代操琴，李芳园之父李其钰常携琴交游，遍访名家。
② 原指古代楚国的一种艺术性较强、难度较大的歌曲。后泛指高雅的文学艺术。

在半道突然想今天该去找一找托诺夫 ①。我的车由东单转北，他俩到苏州胡同取衣，再去看"中央"（北平电影院名）的《花烛之夜》。

问过好几个外国人才找到他的房子。他出去了，一个肥胖的老太婆招呼我进去留字。我为省麻烦起见，懒得写，在他那教室里打量一周，对老太婆说下午六时再来访他。

由东交民巷闲走，商店、洋行都关了门，因为今天是礼拜。马路旁的树木很多，街道非常干净，有几处走着像在上海的霞飞路。

原来东交民巷是那么长的一条马路，走到前门时我的腿有点酸痛。在正阳门车站问讯处问了到上海通车的时间和价钱，我才知道什么行李、换车，一点也没有麻烦，从北平到上海只需整两天，行李可以直运上海再取。

徘徊在车站的时候我决定了无论如何十六日便动身，刚好"九一八"可抵上海。

钻入了一个底层社会。在这儿，充满了工人们、车夫、流氓无产阶级的汗臭，他们在狂吼、乱叫，好像些疯人样地做出千奇百怪的玩艺，有的在卖嗓子，有的在卖武功，这些吼声，这些真刀真枪的对打声，锣鼓声……这是他们的生命的挣扎，这是他们向敌人进攻时的冲锋号。

一个老头挂着一副惨白的脸在地上滚来滚去，起来时满身都是泥，由他那可怕的脸和两手的运动正像扯疯的样儿，看了半天才知道是卖武功。

由天桥乘二路车再到托诺夫家，他没有回，约定明天上午十时会。

"四大天王"和陈老弟庆寿，到东单"大鸿楼"吃晚饭。表姐和五姐对坐于我和许强，寿星在当中而且是上席。是自然坐成这样的，也就有趣！

---

① 托诺夫，1918 年来华，1923 年在北大音乐传习所任钢琴教员，同时在北平艺专兼职。1930 年 9 月，托诺夫到清华任教小提琴与钢琴，并一度担任清华大学音乐室主任，负责学校西乐部，兼任清华军乐队指挥。聂耳的好友王人艺曾于 1930 年与"明月歌舞团"来京后随托诺夫学琴。次年 7 月，他在兄长王人旋的支持下继续随托诺夫学琴。托诺夫对王人艺颇为照顾，不仅在他失去经济来源时免费教琴，还安排他代替受伤的陆以循参加 1931 年清华大学音乐会，演奏维尼亚夫斯基的《莫斯科的回忆》等乐曲。这是王人艺首次以独奏者的身份登台演出外国曲目，对他以后的艺术成长意义非凡。聂耳随托诺夫学琴时间不长（1932 年 9 月 12 日到 10 月 15 日），但收获颇丰，他具体学习了音阶和小曲子的拉法，学习了贝多芬第九小提琴协奏曲《克罗采》与意大利小提琴家维奥第的第 22 号《a 小调小提琴协奏曲》。总之，拜托诺夫为师的中国学生不在少数：刘天华、王人艺、聂耳、冼星海、古庆嘉、魏守忠、戴翰深、隋克强、王治隆、秦西炫、陆以循、唐俊、罗炯之等名家曾受教于他。

向她祝寿，用报纸垫在地下磕了三个头。

接"三人"①的信，她简直误解了我对电影运动的观点，并且希望我进一个国立大学。雨笙的信不希望我很快地回上海。

我决定试一试国立艺术学院。

九月十二日

钟沪的十八岁生辰。

好像作文章一样地写了封长信给春（袁春晖），大概地解释给她电影运动的意义和我对电影运动的正确观点。她太误解我了，她以为我是想做明星！

托诺夫鼓吹我入"清华"，只要能通过入学试验，你尽可在里面把音乐当饭吃。和他谈王人艺的事，他非常夸奖他。他问拉过什么 piece（曲子）没有，他是主张拉 piece 的。他叫我礼拜六带着提琴和所拉的书来试一试。

陈老弟穿了洋服，新的秋大衣。两团毛皮在脸的两旁，烫着发，长裙高跟鞋，左胸上还插了一朵大花。阿门！看去简直是像一个大明星、大少奶奶。

原来杨瑞安和徐茂先都是教过我们的，他们要先奏一曲，正奏 *Traumerei*（《梦幻曲》）时进来一批客，空气大为嘈杂，停止。

首先就欢迎"小四狗"②的提琴独奏，*Traumerei*、*Souvenier*③，简直大受欢迎。接着有"洋车夫"唱余叔岩的京戏。

共有十二座一桌的四桌，我坐在第四席的上八位（上十二位）。在这席上的一切言谈举止都非常随便，因为差不多都是"香山会议"的老同志④。

杨瑞安、徐茂先、李安庭都敬我小杯白玫瑰，祝我成为将来的大音乐家。"玉溪跑堂"和聂耳的中式英语演讲简直大闹"忠信堂"⑤，笑声震天。

和杨、徐们闲谈，他们都愿我从这条路继续地苦干下去，同时不希望我到什么艺术院去鬼混。到底他们比较内行。

---

① 三人，聂耳对女友袁春晖的称谓。

② 聂耳诨名，他在家乡曾扮演花灯《四狗闹家》中的男主角四狗而得名。

③ Souvenier：名曲《回忆》，捷克斯洛伐克作曲家、小提琴家弗朗蒂切克·德尔拉德（Frantisek Drdia，1868—1944）创作于 1904 年。

④ 一起登临西山游玩的云南同乡。

⑤ 位于西单的一家饭馆。

乘汽车至北海公园，刚到刚关门。我们只看到月色之美，而没想到已经十点钟。

寂静的中山公园，被我的琴声所号召，一会儿就围了不少的人。

经过白鹤的公馆门口，她听见我琴声的尖锐而嗓子发痒，居然在夜深人静时随着我的琴音大唱起来。

今晚非常高兴，走着站着都在拉琴，当然，他们更高兴地饱耳福。尤其高兴的算是陈老弟，她的这生辰过得如此充实，着实难得。

虽然吃了酒席，我们三人却觉得肚子饿，到快关门的"英林号"楼上一坐，吃了点心，尽兴归来。

回家十二点多，一层薄云盖了明月，后面还跟着成块成团的黑云追逐过来。

九月十三日

取相片去报名，那张假修业证书毫无问题地报了。艺术学院比我理想的要大一点。

陈老弟回去拿大衣，老许到"中大（中国大学）"注册，我一个人在"英林"老等了半个多钟头。老许带来一个不好的消息："中大"的证书成问题，不能注册。我看他们俩都有些不好过，我只有用些话安慰他们。

到东、西交民巷①"中国""正金"银行，都关了门。他们带我到"老便宜坊"②吃烤鸭。我又在他们面前显了吃的本领，和他们相等外，我又吃了三碗饭。

明天要考试了，什么也没有预备，在三十三号鬼吵鬼闹到十二时才睡。今晚的侯兄非常有味，他也去了"老便宜坊"，但我们没碰着。他大概喝了不少的酒，素来不会说笑话、开玩笑的人，今晚却玩出好些花样。他大概十六号启程赴日。

———————————

① 西交民巷，与北京长安街平行，东起崇文门内大街，西至北新华街。旧称西江米巷，是晚清至民国时的金融街。街内有张廷阁宅、中央银行北平分行旧址、中国农工银行旧址，以及大陆银行旧址、北洋保商银行旧址等文物保护单位。东交民巷全是著名的使馆区，第二次鸦片战争后，先后有英国、法国、美国、俄国、日本、德国、比利时等国在此设立使馆街。1959年，所有的使馆都迁往朝阳门外三里屯使馆区。属北京市文物保护街区。

② 位于骡马市大街米市胡同。

九月十四日

早晨临时去借毛笔、墨盒，到校已有很多人挤在各走道、各教室门口。我找到桑即藩、徐克娴、张孝机一块儿谈话。一堆堆、一团团的小组都在谈论着关于考试的话："你考哪一系？""我一定落第了！""听说音乐系的最多！""喂！你丢 pass① 的时候得看好后面没有人！""唉！我的数学不行！"……

铃儿一响，都集合在礼堂门口，这儿是第一试场。我等了很久才点到我的名，是一百零四号。座位是一人行，这是防止偷看的。教台上摆着一块大牌，上面写着极严厉的投考规则。

党义试题：

1. 略述三民主义之内容。

2. 根据民生主义拟你的家乡的农村经济的办法。

3. 国难期中研究艺术的学生之责任。（这是我做的）

国文试题：

1. 何谓艺术。

2. 吾人对于艺术之使命如何？

3. 各自写理想的精神之寄托。（这是我做的）

数学试题：1.a. 试解下列之算式 $X-1$，$X0/010'0/1'1/0$

懒得抄了，一共两个代数，两个几何，两个三角，我的狗点子好②！做对四个半。英文试题是作短篇文描写北平，英翻中两小段。晚到中南海找外国人，他已回去。上"真光③"看《野玫瑰》。

---

① pass，考试时掷答案给考生。

② "狗点子好"是昆明话"运气好"的意思。

③ 北京电影院名。

九月十五日

今天是中秋节，同时是日本承认满洲国^①的日期。街上戒备很严，因为"九一八"这恐怖日也快到了，他们恐有意外。

空跑一转中国银行，各银行都放假。

拉一天琴，吃晚饭很热闹。小浦琼英^②、袁芷芬也来和我们过节，吃得不亦乐乎！

约杨瑞安去听音乐，在那儿认识几位日本留学生，他们请我先奏给他们听。

老洋人的汽车来，接到北京饭店。我们是穿中国礼服，因为是顶高的票价，不穿礼服很不大适当。

Zimbalist^③好像比海菲斯老得多，前部分的技术顶高，后面有短小的舞曲，这比较适合一般的心理：他又重奏了一遍。他的姿势没有海菲斯的规矩，听了还很满意。

喝了汽水，听 Jazz（爵士）曲，看交际舞，汽车送回。过节，一时半睡。

九月十六日

以后吃饮食该特别小心了，昨晚临睡前的所谓过节大吃其水果、月饼，我不该把月饼和茶一块吃，今早又闹起肚子来。因为自己闹肚子有经验，急忙喝些泻油。

---

① 即伪满洲国。1932年3月9日，在日军的威逼利诱下，末代皇帝溥仪从天津秘密潜逃至东北，在长春成立了傀儡政权"满洲国"。1932年9月15日，日本关东军司令官兼驻满全权大使武藤信义和"满洲国总理"郑孝胥在长春签订《日满议定书》，日本正式承认"满洲国"。因中国对"满洲国"不予承认，史称"伪满洲国"或"伪满"。伪满初期为"共和"体制，后以立清废帝溥仪为"元首"，初期称号为"执政"，年号"大同"，溥仪被称"皇帝"，年号"康德"。1945年8月18日在吉林白山举行"退位仪式"，宣读"退位诏书"，溥仪等伪满战犯被苏军抓获，并于1950年被移交给新成立的中华人民共和国政府，接受改造。

② 浦琼英（1916—2009），又名卓琳，云南宣威人。其父浦钟杰（在廷）为民族实业家，云南宣威火腿大王，被孙中山授予少将军衔，获五等嘉禾奖章。浦琼英1931年被挑选为云南省体育代表团少年选手成员赴北平参加全国运动会（后因日寇入侵取消），到香港时正逢"九一八"事变爆发，改成去北平读书。1932年考入北平第一女子中学。1936年考入北京大学物理系学习。"七七事变"后奔赴延安加入八路军。在八路军129师师部秘书科、中共中央办公厅等单位或部门工作，任妇女训练班队长。后与邓小平结婚。1949年后曾任重庆人民小学校长，负责第二野战军干部子女教育工作。1952年邓小平从西南局调到中央工作，随全家一同来到了北京，住进中南海，任邓小平的秘书。

③ 津巴里斯特（1889—1985），俄国小提琴家。

基练拉出趣味，昨晚的音乐会不无影响。一连拉了五个钟头。

陆兄①送些看新戏的参观券，虽然时间已迟，我觉得就是能看一幕也要去，况且剧本很多，有《血衣》《九一八》《炸弹》《战友》《一个烧饼》《第一声》《S.O.S》。我对它们抱着满腔的热望。

看见"法大"的铁门是关着的，第一个感觉是人满，时间迟，不能进去。等看见里面站着好些军警，我的观念马上转移到另一方面去。虽然有旁门，我还犹豫着是进去还是打转。恰好一个学生从这旁门出来，我问他演戏没有，他说已经被禁止了。我又原车拖回。

近几天来北平市的空气特别紧，各学校和民众团体都积极准备"九一八"的示威运动、搜查日货运动、演剧运动，虽然政府明令禁止却当成耳边风。昨有学生和军警的冲突。

看这几天的上海《时事新报》电影栏，感觉不到什么趣味，文字也平凡。在图书室看报打盹，回来睡午觉，到吃晚饭。

布告处有一张所谓"T.T.T. 团"最近将向会所里的同乡有"亲热表示"的布告。据说是几位"草包"所组织，他们要学"清华"学生对付新学生的"四人分尸"的把戏和新同乡开玩笑，听说今晚九时动员。

十点多钟，云南会馆里突然发出一些喧嚷的吼声、笑声，我知道他们已在开始工作，我在寝室里看书等候着他们的到来。一阵轻轻脚步声在我的寝室周围站住，一会儿张楫进来。他们所谓的诱敌，我不等他开口便倒在他身上，叫他们抬着手脚的来，我很舒服地给他们运动了一回。

九月十七日

陈老弟在考民国大学②，她（陈是女生）比我起得早。

---

① 陆万美（1910—1983），汉族，云南昆明人。北平大学肄业。1932年参加左联，后任武汉抗敌演剧队五队、山东军区文工团负责人、山东大学文艺系副主任。1949 年后曾任中共云南省委宣传部文艺处处长、省文化局局长、省文联副主席、中国作协云南分会主席等职。

② 民国大学，即国民大学。1912年孙中山等人在北京为培养民主革命人才创办，次年4月13日正式开学，1917年改名中国大学。1949年停办。宋教仁、黄兴为第一、二任校长，中山先生任校董。以李大钊、李达、吴承仕、杨秀峰等为代表的一批"红色教授"在学校传播马克思主义，培养了李兆麟、白乙化、董毓华、段君毅、任仲夷等一大批民族英雄和国家栋梁。

预备一上午的基练，到时去找 Tonoff①，还有一个学生没下课，所谓他的高足—"清华"学生也在。

先叫我拉 scale（音阶），后来问我 *Mazas*《马扎斯》怎样。我说第一本已练完，他要我拉第二本 *No.32*，*Legato Exercise*（第 32 课《连弓练习曲》），*Schradieck* 拉 7th position（第七把位的指法练习）给他看，调子拉 *Souvenir de Moscow*，*Gypsy Air*（西班牙作曲家萨拉萨蒂的小提琴曲《吉普赛之歌》），*Minuet*（奥地利作曲家莫扎特的《小步舞曲》），他非常满意。

他说我的左手很好，右手持弓是德国的老派持法，现在这些 violinist（小提琴家）都不是如此持法。他把我的食指移进来，多部分地握着弓，这样觉得比较紧些。

他说来上课好像赴演奏会一样的庄严，到了课堂，从开始演奏到完，不应当有丝毫错误的。在家里自己练习时尽可以错了再来，特别难的多来。

我对于我这毛病实在抱了很大的缺憾，赶快在改换教员的现在纠正过来吧！

以后要练仅是 scale（音阶），*Kreutzer*（克鲁兹奏鸣曲），因为还有 piece（篇章），后早再去。

由今天上课的结果，我以后当注意以下几点：

1. 全弓时一定要弓屁股到尖。

2. 用全毛，手腕是平的。

3. 慢！慢！慢！

4. 在家注意小节练习，到课堂交功课，不能有半点错。

5. 闲时别乱拉，慢拉 scale（音阶）或背基练。

6. 换弦时小指需紧压前弦，尽可能慢地放开。

马三哥（马匡国）请吃羊肉，坐电车到天桥兜风，酒足饭饱步回家。

九月十八日

今天是"九一八"②，上午去天安门开市民大会。街上戒备极严，在天安门

---

① 俄国小提琴家多诺夫。
② "九一八"纪念一周年。

附近的军警更多，门是关着的，我们知道又是被压迫着解散了。西长安街来往的人很多。

到王府井中华乐社买 *violin piece*（小提琴作品）。真穷，什么也没有。

"艺院"已出榜，老桑（桑即藩）、我都落第了。

因为"艺院"的失败，有时想回上海。

老洋人约去六国饭店喝咖啡，谈了三个多钟头话。他对中国的认识，简直比我们还博。

在杨瑞安家吃片汤，到十点钟才回。

九月十九日

交了学费，他借我 *piece: Viotti No.22*①。下大雨，车钱很贵。

坐汽车送"杨车夫"和汤如媛的行，赶迟了。晚贴相本。

九月二十日

拉琴的时候多。晚和钟沪谈我和"三人"（聂耳女友袁春晖代称）的事。

九月二十一日

正在写信，有李君者来访，他名片上有《戏剧与电影》通讯社记者的衔，说是上海赵某②介绍的，谈话和姓任③的差不多。他给我一份《戏剧新闻》（北平左翼戏剧家联盟机关报），并且要我写稿。

到第三院看"苞莉芭剧社"④排高尔基的《夜店》，认识些戏剧界的人。他们剧本没改好不能排，闲坐谈天，到九时回。

---

① 篇章：意大利小提琴家韦奥第的 22 号 a 小调小提琴协奏曲。

② 赵铭彝（1907—1999），四川江津人，话剧、电影评论家；1926 年到上海，先后攻读于大夏大学和上海大学；曾任中国左翼戏剧家联盟书记，1949 年后曾任重庆中华戏剧专科学校校长、上海戏剧学院教授。

③ 任予人（1907—1997），又名于伶、任锡圭、禹成。剧作家、导演、演员，江苏宜兴人，1930 年考入北平大学，1932 年加入中国左翼作家联盟，筹建中国左翼戏剧家联盟北平分盟。1949 年后曾任上海电影制片厂、上海市文化局、上海戏剧学院领导。

④ 宋之的、任予人等领导的左翼剧团，取名俄文 BOP AA（斗争）的音译。

九月二十二日

《戏剧新闻》社向我要稿，要我写点关于上海电影界有系统的记载，今天一有空便在房里埋着头写。臭味扑鼻，蚊子包围，感到十二分的讨厌。刮起大风来，已经有点冷意，我今年的冬衣不知在哪儿？！近来心绪稍觉安定，虽然今后的生活费还没有着落，好在这儿的生活成本低，少焦心吧！

九月二十三日

六点钟起来完成了《上海的电影界》（遗失），亲自到第三院交给宋之的[①]。他寝室里堆着很多的日文、俄文书，他正在写稿。我看他读书能下苦功，着实比我们强得多，我有着无限感动，觉到自己的浅薄！

在音乐上，最近又忽略了作曲这一工作，关于革命音乐理论的写作，也要同样地注意。

第一步工作：收集云南山歌、小调，并创作歌曲。

九月二十四日

在未去上课之前，心在跳，在路上常常活动着左手指，想着要背出的功课。

演奏时，越慌越易错。今天成绩非常好，他说我交的第一个功课使他非常满意，他顶欢喜这样的学生。

这是一定的道理，只要拉得好，下次的功课总来得多，今天的 piece（篇章）很难而且多，下星期照样要背出。

离开教师后心里总慌着："这样难！怎样交账，回去非下苦功不可。"

我由今天的成绩看来，我的免费计划大有可能实现，这也是鼓励我非用功练习不可。若是以后的这三礼拜都没有错，那么，我便好开口了。

中华乐社买《音乐通论》《音乐的性质与演奏》，要买好的弦线，简直没有。

---

① 宋之的（1912—1956），汉族，河北丰润人。1930年考入北平大学法学院俄文经济系，参加左翼剧团。从此与戏剧结缘。亲历辽沈、平津战役。1950年任解放军总政治部文化部文艺处长、《解放军文艺》主编。

在洋车上看新书，车到门口都不知道，跑过了一大截。蒋南生来，我知道他会请我奏琴，我抓住他的心理先奏了 *Humor-eske*。他说我比在上海时大有进步，其实这调子还没有他在上海听时拉得好。

满桌子堆的乐谱、音乐理论书籍，床上不规则地摆着提琴、弓、盒。箱子架搭的破木乐谱架，斜扯着靠在墙上。下面有扫铺刷，皮鞋有破纸盒装着，盖痢疾、痰盂的芭蕉扇，擦屁股的旧报纸，擦皮鞋的破袜子。

自从在这屋拉琴的经验，蚊子敢追着来咬颈子、活动的两手，它完全是跟着这尖锐的声音而来的。这几天我细细观察，简直是这样的：非停止拉琴是赶不走的，它总是跟起你跑。每天至少有十个新伤痕，在手上、颈子上。

这几天的工作自然地有程序起来。早晨写电影、戏剧文字和拉基练，肚子饿了煮三个鸡蛋。午饭后在一号谈一阵话，喝杯浓茶。过来拉 piece（篇章），因蚊子骚扰和屋里的臭气，至多只能工作三小时便头昏、抓痒，所以只得离开小房子到乒乓球场，进图书馆，一直可以挨到吃晚饭。晚上看一次夜报，和姐姐们鬼混一阵。回来研究音乐理论一直到十二时灭灯。

九月二十五日

到北平来算是第一次拉了这么长的时候，自上午八点钟拉到下午四点钟。这也是逼得不能不如此，托诺夫太把我看高了。他给我这 piece（作业）是一个显技巧的东西，作曲者 Viotti[①] 是和大演奏家 Paganini[②] 同享盛名的，曲里着实有困难的地方。

到"华乐园"[③]看科班"富连成"[④]，唱、做工都特别卖力。我对于旧剧的趣

[①]　维奥蒂（Giovanni Battista Viotti，1755—1824），意大利小提琴家、作曲家。他是在科雷利（Corelli）的意大利传统的基础上，在塔蒂尼（Tartini）和帕格尼尼（Paganini）的风格之间最有影响力的小提琴家。他被法国小提琴学派尊为"现代（特指 19 世纪）小提琴演奏的缔造者"。他的作品强烈地影响着 19 世纪的小提琴演奏风格。维奥蒂被法国小提琴学派尊为"现代"小提琴演奏的缔造者。

[②]　尼科罗·帕格尼尼（Niccolò Paganini，1782—1840），意大利小提琴/吉他演奏家、作曲家、早期浪漫乐派音乐家，是历史上最著名的小提琴大师之一，属于欧洲晚期古典乐派，对小提琴演奏技术进行了很多创新。

[③]　位于北京大栅栏鲜鱼口胡同。兴建于清朝光绪年间，原叫天乐茶园，四大须生之高庆奎、四大名旦之程砚秋等人常在此演出。

[④]　富连成，又叫喜连成，京剧科班名，1904 年由叶春善创办，培养了喜、连、富、盛、世、元、韵七科七百余人。

味到底没有他俩浓厚。

舞台上很多不合情理的事与物，看了会讨厌。剧场秩序太紊乱，茶房扔手巾的最讨厌，但看他们那接的功夫是再准没有，左右，上下，远近，简直百发百中。

九月二十六日

"Double stops"（按双弦）太苦了我，手指都痛了，今天比较纯熟些，练习时间也相当多。

好些同乡去考法学院编级生，因为文凭露了马脚，谁都不高兴，本来事前太荒唐！

想到外国语的必要，我应当努力干下去，我的日文和英文算是有了根底的。

晚饭后在钟沪屋听她念五年计划的故事，她讲得很起劲，听的人也感到很深的诱惑性，谁也不愿离开，竟延续了二三小时。

独自在这破寝室里写着日记，觉着会馆（云南会馆）里特别清静。远处传来有原始意味的土人舞的锣鼓声，尤其感到这夜的沉静。突然火车经过宣外铁道，惊破了这夜的沉寂。一会儿隔壁学校的钟声响了，忆起当年的学生生活。

？月？日（日期不详）

自从痢疾好了以后，没有一天不会注意到自己身体的珍重。饮食的小心，身体的审察，已经是不会遗忘的事。

有时照着镜子发现脸上长了些肉，禁不住向镜子里的我狂笑了起来。有时在街上走着，坐在洋车上，觉得我已不是病人，于是挺了胸膛不自觉地露出骄傲的微笑。

因为这屋子的气味太闻不过去，昨晚开了门掀开帘子睡觉，今早起床上厕所时衣服没扣好受了凉，突然咳嗽起来。洗脸时摩擦身体，一会儿工夫便好了。

"民国大学（中国大学）"去看榜，钟沪已考取政治系一年级，回头要走时车夫包围着抢……（未完）

十月三日

昨晚还是和许睡一床，因为暖和，起得较晚。

天气冷起来，我的冬衣还摆在上海当铺里，不知今年的冬天怎样过去？！

去年这一向也是努力提琴技术的练习，不时又领小朋友们到"九星"看电影。

交学费的日期快到了，想起来却有些茫然。管它，到那时再谈吧！

十月四日

今天我是主席，讨论一个组织大纲（《北平左翼音乐联盟成立的组织大纲》）便占去一点多钟，王浩兰（王丹东表妹，云南玉溪人）也出席，和老丹（北平左翼音乐家联盟[①]负责人王丹东[②]）到艺院领文凭，四处参观了一周。想找那 Cello（巴赫名曲），已是下课的时候，他早回家了。

说着什么吃牛肉，看"富连成"，真的马三哥便邀我们去吃牛肉面，李洪恩请客看"哈尔飞"（位于西单旧刑部街的戏院）的"富连成"。《法门寺》还不错，叶盛章的《雁翎甲》我看还没有《巧连环》的套数多，看得我打盹。

十月五日

高衮父和李琼英要回云南一转，她和钱密司（钱小姐）都要我买东西带给春晖[③]，并且提议买一只"小四狗"（聂耳诨名）。这么一来，弄得我拉琴也无精神，草草收束便跑向西单商场去，顺便在三院打了一个转。一个人逛得怪有味，有本事从一点钟逛到五点钟才舍得离开，到底只买了一个小橡皮洋狗。

加入联合饯行，上"老便宜坊"吃烧鸭。这些诗人做了不少打油诗。

在十三号房大唱其京、滇戏，直到灭灯才散场。

---

① 北平左翼音乐家联盟，简称北平乐联，1932年夏成立于北平，酝酿成立北平乐联。聂耳到北平后，与王旦东、李健（李元庆）等积极筹备，于同年10月成立该组织，参加为东北抗日义勇军募捐的演出。

② 王丹东（1905—1973），原名秉心，字品三，后改旦东，云南玉溪易门人。1931年在北平加入"反日大同盟"及"左联"领导下的"音联"。次年"九一八"纪念日与聂耳在清华大学同台演出。1949年后任滇中艺工团团长、云南省花灯剧团团长。

③ 袁春晖（1903—1986），被聂耳称为"小三晖""三人"，或以"C"代替，云南昆明人，是聂耳女友。

从今天起，做着去日本的梦，随时在想，随时在谈。

十月？日（日期模糊）

许和陈今早请吃饯行饭，当然有这尾巴狗"上海大鸿楼"上又作起诗来，钱子、聂子又杨子、陈子、李子并许子，有高子无舟子。

写信给高转雨笙借赴日旅费，照我那说法想会有实现可能。

陪陈去"同仁"医眼睛，睡了一大觉，回家刚赶上送行。在汽车里告高，这信不要给检查。

东车站新搭有花牌坊。中西要人，各团体欢迎班禅[①]，热闹异常。

车开了，钱密司，李廷媛密司（小姐）哭得拖都拖不走，钱的脚麻叫妈。

高仁夫请吃小小饭馆，八人吃四斤黄酒。留日学生也者，抬了半天的一杯酒依然又倒在自己嘴里。多么无聊！据说这里女招待的生活很苦，每日从上午八时起到晚上十一时止都在招待着，每月除伙食外只有五元钱。

叫了好几次聂先生的电话，钟沪告我今晚要到"六国饭店[②]"听音乐，要我早些回去。

我还以为什么了不得的音乐，原来是跳舞会一个。我规规矩矩地坐在火炉旁看报，吃、喝，他们看跳舞，我只管听音乐。有一 Tango（探戈）非常好，是弦乐三重奏，cello（大提琴）特别可爱……

十月十二日

……没有决定。

---

① 九世班禅却吉尼玛（1883—1937），又名仑珠嘉措，西藏达布地方噶夏村人。光绪十四年（1888）正月十五，在掣签仪式认定为九世班禅。曾领导抗英斗争，晚年积极从事抗日斗争，坚决维护祖国统一和民族团结。

② 六国饭店，1901 年 sleeping-car 公司的比利时人在北京御河东侧建造的一家名为 Grand Hotel des Wagon-Lits 的西式宾馆。最初的造型是传统的欧式山字形两层砖楼，古典庄重，像教会建筑。1903 年改建，1905 年改建为四层，由英、法、美、德、日、俄六国合资，得名六国饭店。六国饭店地上四层，地下一层，有客房 200 余套，是当时北京最高的洋楼之一。饭店主要有各国公使、官员及上层人士在此住宿、餐饮、娱乐，形成达官贵人的聚会场所。1925 年进行了扩建，占地约 20000 平方米，起楼 5 层，建筑面积约 8000 平方米，大约设有 300 套客房，有提供异国风味佳肴的餐厅，还有会议厅、游艺厅、电影厅、台球室、乒乓球室和游泳池。屋顶设有花园，可办屋顶舞会，能容数百人。后被改建为华风宾馆（外交部招待所），现为涉外三星级酒店。

十月十三日

在北平居然混了两月，生活仍是动摇着。很贵族地学琴，现在也学不起了。要想望他免费，我看也是梦想！即使真能免费，你的生活费又有谁供给？

说什么去日本？也是渺渺茫茫！这几天弄得心绪不宁，坐卧不安，现在对今后的生活路线做一个简短的分析：

去日本：

好处——有读好日文的希望，算是跑了一转国外，考察音乐、戏剧。

坏处——没有进学校的可能（因为经济）。日文程度太低，不能去直接活动。

在北平：

好处——托诺夫着实是个好教授，他很注意演奏 piece（篇章），长学下去一定可以学很多的 concerto（协奏曲），他看我的技术还不低。

坏处——没有生活费、学费，心神不定。生活一点也不紧张。会馆里不能充分地用音乐功夫，换句话说，这不是学音乐的环境。

回上海：

好处——有收入，有现成的免费教师，有加入乐队演奏的希望，有紧张的生活，听的机会多。

坏处——现在就想不出有什么坏处。

照这样地分析下来，当然只有回上海好。

今天本想去看《人猿泰山》①，到东安市场看旧书，买了一本 *Piano Pieces- The Whole World Plays*（《世界钢琴曲集》），八毛钱，等于看电影。

宝塚歌舞团（日本歌舞团）——国际性的音乐、戏剧者。

街头音乐家。周游世界的音乐家。

十月十四日

"明月"在"友联"（上海友联影片公司）拍片，叫《燕子飞飞》，十一日已在香港路强生公司开始拍摄内景。我可以想到他们生活的一般。

---

① 美国电影名。

若是有点勇气，还是跑日本好，反正我冒过的险也不少，多来几次又何妨？

现在回到上海固然有很多好处，但去日本一转再来，不是好处更多吗？总之，从稳处走便是回上海；去日本便是冒着险打张彩票。

计算日期，郑的款①应该汇到，不知他还会有什么怀疑？据我推想：

（一）爽爽快快地如数汇来。

（二）措辞没钱，延缓日期。

（三）先汇一部分。

置之不理的事想来不会有的吧！

据最近的经验所得，对于音乐知识的修养不但要常听，而且研究音乐理论应当是和基练一样的日常工作。有时我曾对音乐抱过消极的态度，但读了一些音乐家的历史会即时鼓起很强的勇气。Wagner（瓦格纳）②的一生都是和苦痛抗争着。

前进吧！由日本而美、欧，有什么可顾忌的？！

十月十五日

学提琴的一月计划，现在已到期，拿着书到托诺夫那儿去退学。

"我接到电报谓我的家乡有灾难，此后我的生活费和学费会大成问题，所以需请假一月回去看望一转"，我很庄重地说。

---

① 郑雨笙从上海汇款。

② 理查德·瓦格纳（Richard Wagner，1813—1883），出生于德国莱比锡，浪漫主义时期德国作曲家、指挥家，1833 年创作了歌剧《仙女》。1843 年，《漂泊的荷兰人》在德累斯顿歌剧院首演，瓦格纳的名声也由此确立。1845 年，《汤豪瑟》在德累斯顿宫廷剧院首演。1849 年，瓦格纳开始了长达十余年的流亡生涯。1850 年，弗朗茨·李斯特在魏玛指挥首演了《罗恩格林》。1864 年，路德维希二世因欣赏瓦格纳的才华，决定为其偿还债务，瓦格纳的命运也由此发生转折。1865 年，《特里斯坦与伊索尔德》在慕尼黑宫廷剧院首演。1868 年，《纽伦堡的名歌手》在慕尼黑首演，该剧确立了瓦格纳在德国音乐中的主导地位。1874 年，《尼伯龙根的指环》四联剧长达 26 年的创作历程画上了句号。1876 年，《尼伯龙根的指环》在汉斯·里希特的执棒下在拜罗伊特首演，引起欧洲文化界的轰动。1882 年，《帕西法尔》在第三届拜罗伊特音乐节上进行了首演。理查德·瓦格纳是欧洲浪漫主义音乐达到高潮和衰落时期的具有代表性的作曲家，也是继贝多芬、韦伯以后，德国歌剧舞台上的重要人物。他还是剧作家、哲学家、评论家和社会活动家。瓦格纳不仅在欧洲音乐史上占据重要的地位，而且在欧洲文学史和哲学史上也具有一定的影响。

"啊！这是一个顶大的障碍对于你的功课上。你是一个顶聪明的孩子，你将来的提琴会拉得不错的。"他表情忧郁地说。

Violin（小提琴）不论上行下行换位时，第一指无论如何紧压弦上，先把握着正确的把位再打别的指。

他和我指定了一个月的功课练习。篇目交给他，但钢琴本被我骗了。

音乐会（北平左翼音乐家举办的音乐会）简直是死气沉沉快要坍台的样子，老丹（王丹东）大发牢骚，表示很灰心的样儿。其实谁不是如此想，根本这种工作一时不会做好。

如此万里无云的月夜，我们逛到中南海，坐在凉棚下，喝着清茶。海中的四川人用口琴吹《璇宫艳史》，别人在大哼大唱，这深秋月夜的寂静被他们捣毁了！

随口哼起《祝您晚安》和 guitar（吉他）的分律（吉他的分解和弦）伴奏，往事的追想是不可抑制地频频而起。

遇萧光汉和袁芷芬，她在先装没看见向前走。他们是初恋，这样的甜蜜生活是怪有味的。

三人身上才凑出一元钱不到，南海喝了茶，还要来"英林"消夜吃烤面包。

十月十六日

老丹（王丹东）来电话要约着老李①们的口琴队和唱歌队参加"朝大"②民众学校的募捐游艺会，还要我去提琴独奏。走到中南海找老老③，未遇。风大极，我走得出汗。

又走不少路才到"朝大"，遇老任，他们参加演剧《一个烧饼》。要去日

---

① 李元庆（1914—1979），笔名袁里、李健，浙江杭州人，北平左翼音乐家联盟负责人。1941年赴延安鲁艺任教，1949年曾任中央音乐学院研究室主任，中央音乐研究所副所长、所长。

② 朝阳大学，1912年由汪有龄等人创办，1929年更名"私立北平朝阳学院"，后更名"北平政法学院""中国政法大学"，位于北京市东城区海运仓胡同3号，现中国中医科学院院内。

③ 老老（1911— ）即老志诚广东顺德人，1925年入公立北京师范学校艺术科学习钢琴。曾任国立北京师范大学教授。1949年后任北京艺术学院副院长，中国音乐学院、中央音乐学院教授。中国民主同盟盟员。

本的老陶①也在这儿给介绍了，他和我的情形差不多，他也是在等钱。

我没带提琴去，他们都很失望，我加入了"非洲博士讲演"，颇受欢迎。托诺夫在艺术院的演奏，全是些小调子，总的批评是还不错，详细的已经记好在心，只要看着节目单便可以忆起各曲的趣味。

在会场里认识了托的高足"清华"学生陆以循②，谈起王人艺③，他去年冬天在"清华"的演奏原是替陆拉，因他的手坏了。还有两个学提琴的女同乡也到。

夜里停了风，我们步月归。

十月十七日

一天的大风。天气虽冷我仍是没有加衣服，早上摩擦身体，工作时候多，所以简直不觉得怎样冷。

今天开始自己定功课练习，趣味很浓。

上海报载"明月"在"新世界"参加"路政展览会"表演歌舞，有胡笳的新节目《提倡国货》，这便是他们所谓爱国的表演吧！

晚，在许屋看他们吞云吐雾（吸食鸦片）。后来在一号（房间）谈思想问题，他们要我给他们一个现生活的批判。五姐和表姐参加，我们的谈话便转移到云南的一切。

十月十八日

天气简直冷得不是一床薄被可以御寒，我有点害怕北平的冬天。我的冬衣，什么都当光了，要躲避这可怕的冬天，只有趁早离平。

想到钱到现在还不到，我又着急起来了！雨笙真的不理我了吗？

---

① 陶也先，又叫林成，北平剧联领导人。

② 陆以循（1911—2003），天津人，中国知名小提琴教育家，1934年毕业于清华大学西语系，后赴日本留学。1950年任清华大学音乐教研室主任、教授。

③ 王人艺（1912—1985），原名王人蒸，著名音乐家，电影表演艺术家王人美胞兄，原籍湖南浏阳，生于湖南长沙，15岁时与妹妹王人美前往上海加入黎锦晖创办的明月歌舞社，改名为王人艺，是聂耳好友兼同事。

和张鹤、大佛门① 逛西单商场。回来和鹤谈上海的生活，一时的感情冲动，又想回上海。

十月十九日

拉琴正起劲时，觉得自己很有希望。一时会有如此一个幻想：

云南人学音乐成行点的我算得一个，等再学有相当成绩时可以回去开几次演奏会，使教育界的都听到我的专门技术，我可以要求到国外留学。

要是去不成日本，回上海可以到国立音院混津贴，同时在"联华"工作。

和鹤② 正开晚饭，茶房送好些信来，我看有几封牛皮纸封的，我想无疑会有我一封。等他一个个地分发完了，却都是别人的。唉！这几天望信的滋味是够尝了！一天起码问十次。

一卷报纸是雨笙寄给张鹤的，我们都很怀疑他为什么要寄这么些无聊的小报来。他说恐怕里面有信，我忽然意识到有这种可能，随便一张张地清理过，什么也没有。

无意地翻阅那些报纸，一张信掉出来了。在我没有打开之前我拿定是我的，因为给别人的信着实没有如此秘密的必要。等打开一看，开头便是鹤兄，找不到关于我的一个字，我深深地失望到底了！

我终于不可解，一封无关痛痒的信何必夹在报纸里寄，既可以把别人的信夹在报纸里，为什么我的事竟一字不提？这事简直太玩弄了我的感情！

他俩都不在家，我今天感到十分的孤寂。常在一处倒不觉怎样，突然离开一天，似乎找不出可以谈得起话的人。计算今天拉琴、看报的时间也不少，但一闲便去看他们回来了没有，总希望他们能早些回来。

十月二十日

想不到去日本的这机会瞎摸瞎碰地却碰出正路来，老陶可以找到音乐学校的关系，一切无问题。登岸手续只需交一张百元日金票，他们看你有钱便不会猜疑到是来做工的或是其他危险分子。既到以后的住食问题都有人招呼。

---

① 朋友的绰号。
② 鹤，指张鹤，即云南同乡张天虚，时住云南会馆。

这些弄假成真的事我不知干过多少，自己越想越有趣，我将自称曰"活神仙"。

好些人都认为我"不回朋友的信"是一桩顶不好的习性，我自己也觉到这是一个绝大的缺憾，我以后将尽力克服。

昨晚和张鹤、宏远发歪疯，十一点钟还鼓吹他们陪我跑马路，他们也觉月色可爱，便心高气傲地手挽着手跑出去，三个活泼精悍的小孩，不顾一切地向前跳跃着。风虽冷，没穿长裤外衣的"小四猫"和光头无领的"小四狗"①还觉得心里发烧，因为我们沿途讲的青年人漂泊吃苦的事。他们很愿意听我讲去广东、湖南的经过②。

"英林"吃完点心出来，觉得冷风逼人，跳到（云南）会馆，已是灭灯的时分。

今早起来继续写雨笙的信。从来不会对人诉苦的我，今天却和他大诉起苦来。我除催他速汇赴日旅费外，还告他回上海的第二步计划。若是他一时不方便的话，可先汇够回沪的旅费，回上海再多方筹借。我报告他这儿冬天的可怕，我的冬衣一点都没有带。

写金焰的信和老宋的一明信片。

白天李健来谈，他总是说"乐联"无望，处处感到困难。我说他们过去不该用如此大的招牌。在先我并未曾想到仅是五六个人，在我接到老丹给的宣言时。

他请我奏曲给他听。

怪无聊地翻信看，想起应写封信给人艺（艺）和严励，我的提琴朋友。

大风一起，我便有些害怕，没有冬衣，在北平的冬天是不可随便开玩笑的。唯一的出路只求能早日离平。

北平，着实有它可以使人留恋的地方，但是为了生活，只能说一声"后会有期"！

---

① "小四猫""小四狗"都是聂耳的自嘲称谓。

② 聂耳有从军经历，跟随滇军范石生部从昆明出发，到达湖南、广东。详见本书拙文《聂耳日记里的军旅情结》。

十月二十一日

刚从杨瑞安家回来，因为今晚和他谈话的起劲，使我充满了创作欲。正在情感高涨的此刻，随便将它拟出一个计划来：

题材：以我由云南至广、湖的实际生活来取材，写成一篇长篇小说。

意识：以一个青年学生对社会仅有的浅薄认识，而感情地走入士兵群众中生活，赤裸裸地暴露他的思想的无系统。但因客观环境的成熟使他渐渐理解他的现生活、现社会，因此，他才坚决确定了中心思想，踏上一条正确的大道。这是它的中心意识。

结构：车别为开始，以邓的送行的话介绍出主人翁的第一个性——嗜好文艺、动的个性，纯感情的。叙述招兵时相约报名的情形，多么踊跃地、高热地、有生气地，结果只剩一个人，显露出李、邓、郭、胡的胆小、畏缩。在此结束云南省的记述。

滇越铁路的北端，昆明车站的月台上，拥挤着人群。紧靠月台旁的这一长条列车，将在二十分钟后开向安南去。

由海防至广东一段全是实生活的描写，以一个弟兄请写信一直联系到底。在每封信里都有悲愤的情感，尤其在他阵亡前的一封家信里，充满了血和泪，他始终是一个可怜的人。

到广东发新兵衣服，生了很大的感动，自己觉着今后的生活会可怕起来。但因旅途所见一切新的气象，在极吃苦的时候总觉是无上的快乐，那些可怖的幻想早已幻灭了。

入郴城后所遇到的眼光，恐怖的想象实现在眼前。到营里无意听见有人叫自己的名，原是旧友。这时的情感，一面是得到慰藉，一面是深悔为什么不在广东开小差。一时莫名的眼泪雨水般地涌将出来，也不怕难为情。

接着是一大段新兵生活的描写，直到开小差为止。此时期的主角是赵、陈、他三人。

由新兵至文书上士的生活的转变，此刻如登天堂。连长室堆着没人盖的被，勤务兵来烧火盆，从此没有人凶凶地叫你的名字，耳旁只听见些师爷的称呼。

客观环境中有兵变，年三十晚，毙人，狱中，小孩的歌唱，女人的租贷，农民的谈话。

录事生活的思想是：暂时的安息，想再度学生生活，遇旧友桂，谈话，借书看，思想上起了很大作用。刊物的影响，想入××军，想从事文艺生活，想编常识问答，想当电影明星，想开飞机、汽车，但没有想到当官。实生活是：预备功课、写短文、讨论问题、追密司、miss 和陈进行开小差的事，请假不成，请拨入军官团。

换连长，一个是摆架子，新来的，我可以摆他的架子。新连长的恋爱史，请我代写情书。（这时期的思想和行动都是混乱的，尤其在对 × 半知不解的此刻。）

描写录事生活，多半偏重赵、耳二人对小资产阶级的幻想的失败，到加入军官团时已有比较健全的意识，一切行动都是有意义地干。

坐大木船至北江、韶关，上滩的拉船想起 Volga^① 的船夫曲。离郴^② 时出发情形有西线无战事意味，妻室女儿的送别。他俩经第二营，勤务兵叫师爷。老赵途中的赌钱，北江的挫折，鼓起勇气提着箱子便走，身上只有一元多钱，只想此后脱离这种生活，到广东去做工都干，结果又入军官团。

时局转变，他俩都被遣散，拿着旅费住小旅馆，这是新的生活的开始。二人同到上海，箱子里的书闯了祸，请保人才算了结。平安旅馆，亭子间生活，有关系，杨四姐，都会的早晨，两年以后，到湖北去。

＊＊＊

对于我的音乐生活的转变，也想做一个有系统的文字。从幼时爱好音乐说起，买提琴，练习 Hohmann^③，入"明月"，个人教授，所谓 classic（经典），沪战起，革命的音乐，北平来，日本去。

这样大概的结构可照上述，但需要再深刻些再写。这是贡献给时代的音乐家。

---

① 《伏尔加船夫曲》。

② 郴，指湖南郴州。

③ 霍曼（Chritstian Heinrich Hohmann），德国作曲家、小提琴演奏家。

* * *

老陶来，他只有一二日汇款便到，他什么都预备好了，我听他的报告顿时着急起来。

"笙请即汇二百元急耳马①"，下午三时打了一个电报，看他理不理！

咱三人游到中南海后面的隐士海心亭，坐在石阶上眺望夕阳烟景，真舍不得离开。

西单商场吃大菜，逛到"义丰"买小瓷人，我看中一个有美的舞姿的半裸女，她那肌肉发达的均匀，各部的曲线，真是恰到好处。我想到"德来西士特儿②"们是比我还要欢喜，要是我能送给他们的话。

孔老接大高转小高的信，他竟把李生萱③的住址忘了，直到现在打听到，信交去没有还是问题！

……④说起云南的柯仲平⑤的创作精神，使我觉到我自己也可能做出和他差不多的作品，我有的是充分的材料。以后将更勇敢地去实践人生，在这里面取得伟大材料，创造伟大的作品。

十月二十二日

作小说是要有充裕的时间，像我每日的基练几占一日工作时间的一半，不知所理想着要写的小说要几时才能完成！

在（云南）会馆里生活，每月若是有几十元的进款，一天拉拉琴，打打球，看看报，倒也安闲！我想到我要到日本去，恐怕不能天天看到上海报纸，注意电影、戏剧的消息。

---

① 当时电报的末尾是用韵目的汉字代替日期，"马"字即21日。

② "德来西士特儿"是英语"Dry-sister"干姐妹之意，是聂耳与王人美等同事的称谓。

③ 艾思奇（1910—1966）原名李生萱，白族，云南腾冲人，著名马克思主义哲学家、教育家和革命家。历任中共中央高级党校哲学教研室主任、副校长。据李氏家谱记载，其先祖名叫李黑斯波，为腾冲李氏先祖。

④ 手稿此处涂去二十余字，据痕迹判断为"我感觉到今晚和□□的谈话，着实使我有莫大的影响，他。"

⑤ 柯仲平（1902—1964），原名柯维翰，又名月华诗人，云南广南人。曾任西北军政委员会文教委员会副主任兼西北艺术学院院长、延安边区艺术学校校长、戏剧工作委员会副主任、评剧院副院长、中国作协副主席。

接"三人"（女友袁春晖）的信，一封三百多字的信竟有一百多"！"，平均三个字用一个！由此可知她是太情感了！太痛苦了！

她在前信说："……你想入电影界的热，就如一个人盲目地爱他不该爱的人一样的热，所以我无法劝阻你，让你去试一试。"我的回信里将其原意简言之曰："你以'盲目求爱'的狂热的眼光来勉强同意我。"她现在却倒反误解起这句话来！我不怪她，她身体弱，她的记忆绝不会记住这些小事的。

联华话剧部将在"兰心"公演托尔斯泰的《复活》，田汉、欧阳予倩①、应云卫②为指导。

晚在（云南会馆）二十五号房讲起宜兴鬼哭的故事，一时引起多少鬼故事来，讲得大家都毛骨悚然！外面刮着冷风，更添上悲惨的情调！

李表姐离会馆一礼拜了，今天才来，觉得特别亲热！她今晚和沪（陈钟沪）睡。

十月二十三日

看到《舐犊情深》③的广告，急忙跑来报告这好消息，晚上五姐请我们三人去看。

《舐犊情深》是久已闻名的一个伦理片，描写父子之爱，由贾克·库柏传神的表演，更使人有很大的感动。他能叫人跟着他笑，跟着他哭，观众的感情全被他支配了。

片中有几处结构特别、表现有力的地方，是一匹骏马的交易；狄克生气时他父亲所要的微笑；吐泡运气的口水。这三处差不多是从头联系到底都觉得它们有插入的必要，而且是恰到好处，这不能不算是导演的成功。

使我流泪的地方是第六号赛马倒地时跟他哭的，其次是狱中看他父亲，最后是他父亲的死。

据我散戏时的观察，有十分之八的观众是带着一双流过泪的眼睛。

---

① 欧阳予倩（1889—1962），汉族，湖南浏阳人，作家，编剧，导演，毕业于日本早稻田大学、明沿大学，是广西艺术馆首任馆长。

② 应卫云，中国左翼戏剧家联盟成员，著名戏剧、电影导演。

③ 《舐犊情深》，美国电影 The Champ 拍摄于 1931 年 11 月，由杰基（贾克）·库柏主演，金·维多导演。

回来乘洋车，很冷。到家已熄灯，我们又谈了半天才睡。小狄克的映像，终夜都没有遗忘。

十月二十四日

这两天贪热被窝，起床较晚，今天竟没有摸着提琴，简直太不行啦！

到故宫太和殿看热闹，老桑也挤丢了。咱们不是什么佛教会或捐过公德，没有红条就上不去，只得在远处看看。

班禅到底没有什么了不得，我们不等看他登座便出来。

得到一张"时轮金刚法会"印送的《班禅国师开示》，看了简直讨厌。他把他的佛教和政治联系起来，使众生能知道行善弃恶，谋国家的巩固，求一切众生的安定。最后他还替它们做宣传，刷标语："……已有经验学识丰富的政治家，著有详细而美好的教训，希望详加研究而奉行之……"由此可见，现政之一般！

大摇大摆地进中南海，没有人问票。身上仅有的一个大子已给了叫子（叫花子）。（钟沪）沪丢了二毛五的铜子票，仅有的一元去看眼睛。

遇老阿（老志诚），谈音乐的话很多，他的有趣的话："这天气不是很好吗？""天气不是很像春天吗？"

晚上和陆万美、张鹤们作《舐犊情深》的介绍，和北平所谓《殉情记》《牡丹花下》的检讨。

在五姐屋玩，见有侯①自日本寄给张梧冈的信和画片、书签，他问起到日本事能否实现。

十月二十五日

早起，记日记，读日文，指定新的练习，拉了两个钟头。

今天的琴音特别响亮柔和，简直爱不忍释。白天的功课很起劲。

有计划地让老洋人请客再看《舐犊情深》，五点多钟汽车已在门口等着，老许还没有回来。

———————————

① 侯奉昆，留学日本。

我老早想到老阿不会跟我们去的，因为过去几次他都不曾和我们一去玩过。

我们三人在汽车里想着会好笑，没有哪个的身上可以搜得出一个大子。然而，却坐了汽车，上一等戏院的楼座。

喇叭在门口一揿，茶房出了门，他们也不问吃饭没有，因为他们当然可以想到坐汽车看电影，到这时候才回来，不用说是用过饭了。

老许想到这事的滑稽竟为难起来，他说："那么，我们怎样办？"

陈老弟急忙答他："当然叫他开饭！这有什么……"

我笑着说："我们莫非还要在茶房面前争面子吗？"

眼泪到底忍了好些咽下肚子，喉头总有些不好过。

算望到雨笙的来信了。生萱转交的信，被他六哥先看过便随便丢了，他最近才发觉。笙认为我日本之行单纯地是打量去进学校的，他和我打一打算盘，二百元当然是区区小数，他竟没想到另一重的关系。

他说对我的……① 是充分同情的，照现在的情况说来，也只是能充分同情罢了。

计划失败，当然只有回上海工作之一途，但旅费的来源还不知到哪儿去开辟？

十月二十六日

他们有钱了，晚上请五姐、祖姆② 张梧冈看"中央"（电影院）的《殉情记》，着实好。今天的心境非常快活，什么心事都没有，总觉到这样安闲的生活，只有在北平能够享受几天，那么我何不随他再玩几天，不好吗？

十月二十七日

话虽如此说，不过能早去上海一天总是早好一天，这安闲的生活还是少享几天的好！

我想，在这月内到上海，马上入"联华"工作，以每月所得，先把这些旧

---

① 手稿此处被撕去一块，略缺6~7个字。
② 云南对祖母的称呼，此处是张梧冈的绰号。

账偿清，再作出国的想法。若是环境还不错的话，当然可以长干下去。

在西单牌楼一家小面馆吃晚饭，逛西单商场到十点多钟才转来。老丹来找我，他正预备留学。

明晚"清华"毕业同学会在"清华"礼堂开义勇军募捐游艺会，请我去帮忙音乐，有"剧联"的四五个剧本。

跑路到中南海找老老（老志城），他已睡了。他答应伴奏钢琴，明早来练习。

回舍已灭了灯，和他们谈了一会话便睡。

很难入眠，心里想着明天的演奏，（手稿此处缺一块）。

十月二十八日

早起跑到李健家，约他晚上到"清华"，要了二十几个子坐车到中南海找老老练琴。决定演奏 Ligaspee 给的那《第五变奏曲》。

不论在洋车上、走道时，脑里都在回旋着 *International*（《国际歌》即英特耐雄耐尔）的旋律，预备晚上 solo（独奏）。

五点半由中南海起身，西直门坐洋车去的，几个冷包子、干烧饼便算混过晚饭。

刚入礼堂将到开幕时间。即时奏完了事，可惜钢琴不能摆在台前，而且有重重的幕景，台下很听不见！遇"清华"的同乡们，全振环也在。

所演出的剧以《战友》为差，其余《S.O.S.》《一九三二年的月光曲》《乱钟》还不错。

在食堂遇从前在"联华"的吴宗济[1]，他现在"清华"。到他寝室里，他把去年罗明佑[2]生日联欢会的签名簿给我看，多有趣！我写的是"送给您一点礼物：耳耳耳耳"。还有很多名人、明星的签名，看来想起那晚的乐趣！

---

[1] 吴宗济（1909—2010），字稚川，笔名齐鲁、齐水，浙江吴兴县人，语言学家。自清华大学中文系毕业后历任中央研究院历史语言研究所助理研究员、中国社会科学院语言研究所研究员兼语音研究室主任、国际语音协会常设理事会理事兼北京大学中国语言文学系教授、中国语言学会理事及该会学术委员会委员。

[2] 罗明佑（1900—1967），原籍广东番禺，生于香港，中国电影事业家。1927年建立华北电影公司，任总经理。

还是和杨协芳睡。

十月二十九日

到来宾宿舍找着"许多①"和何思恭，一块往古庙拜访宏远、南生，他们还正在熟睡。

发现一些攻击"剧联"的标语，他们表示很大的不满，马上召集全体大会讨论出几个议决案。主要的是要东北同乡会发宣言，申述请"剧联"公演的意义，并解释标语上的谬论，结果他们承认了。

大礼堂门口等车，他们请我跳非洲舞，我说："你们别忘了这儿是Gentlemen's University（绅士的大学），多么庄重？！多么伟大？！"

汽车上的"上海女子宣讲员"，使他们会大声发笑，这是因为他们从未听过的缘故，他们之对我，太好感了！

刚进云南馆的门便得到一个可爱的消息：马哲民②在"北大"二院讲演《陈独秀与中国革命》。我饭也不吃了！约着小鹤、大佛由中山公园下车走到"北大"。谁知临时改地点，在"朝大"。

走到那儿，表姐、钟沪、（许）强们都遇在一块儿。

第五教室里挤得满满的，讲演者从人丛中挤到台上……一位密司miss（女士）简单地说几句道理话被鼓掌欢迎！

讲完后有一广东人上台替托洛斯基③帮忙，被哄打下来！

西单小饭馆解决肚皮问题，回家写"明月"的信。

十月三十日

阅《日语研究》的《草枕》评，感到很浓的趣味。

---

① 许多是中国左翼戏剧家联盟成员许可的绰号。

② 马哲民（1899—1980），字浚，号铁肩，湖北黄冈人。武昌外语学校毕业，赴德国柏林大学学习社会学，后任中共武汉区委员兼武昌地委书记。1924年在日本组建中国共产党和中国社会主义青年团驻日支部，兼任书记。1929年任暨南大学中文系教授。1931年任北平师范大学社会系和中国大学经济系主任。1932年在北平讲"陈独秀和中国革命"。1934年任广西大学法学院教授。1936年回中国大学任教。1949年后任武汉大学法学院院长兼教授、中南财经学院院长、武汉市政协副主席等职。

③ 托洛斯基（1879—1940），原名列夫·达维多维奇·勃朗施担，生于乌克兰，十月革命时，曾任俄国社会民主党（布尔什维克）中央政治局委员，彼得格勒苏维埃主席。

到师大约祖萦（张梧冈）们上"中央"看早电影《义欲之战》，考尔门又是少不了情字。在"师大"午饭后，大闹会客室。三点钟赴音乐会，三重奏听得很满意，大提琴独奏也很好，高音、中音独唱还不错，小提琴独奏到底差。

很热闹地在会馆一号房吃晚饭。七点快到，往第三院跑。

在校门口遇一个洋奴失业者，我以广东话对付了他。

我决定过了"朝大"和商学院的演剧再走，从明天起要去排剧，我有好几个角。

接雨笙（郑易里）三十元的汇票，"三人"（女友袁春晖）的信，颇慰……

十一月二日

今天最有趣的是攻打礼堂门，"你不拿钥匙开门吗？喂！挤！"不知哪儿来这么多人！全礼堂的楼上楼下，台上，走道中都挤满了。

晚上谈天，谈剧本。

十一月三日

沪（陈钟沪）没钱去医眼睛，我提议把我那三十块取出，我不是还可以看《人猿泰山》？

到"真光"看 Tarzan（美国电影《人猿泰山》），在小人国打战时，我却熟睡了。

到"开明"才知道"口剧"的戏演不成，因为条件不对而冲突。看了他们的跳舞和新剧，简直讨厌，赶快离开。同乡刘润泉想以他们国剧社的《法门寺》留住我，那当然是不可能的事。八点半才开饭，和许强、大佛，（云南会馆）二十八号房间谈云南的往事和他们□□[①]情形。正谈得津津有味，钟沪也是看 Tarzan（《人猿泰山》）转来。十点钟回屋读剧本睡觉。

十一月四日

上午逛西单商场买礼物：小皮壳手折、风景照片、珐琅铜瓶，算是没

---

① 原稿被挖去一小块，疑为谈许强在昆明被捕的事。

上当。

我决定后天走，仅以二十五元勉强维持到沪。这儿的伙食钱请他们担负。

刮着大风，天气骤冷，我光着头，还是那么一套西装，到慈慧寺①排戏，临时写了一关于□□□□□□□②，当了提琴教师，办了在平剧务手续事。

第三院和舍饭寺③都是空跑一趟。

晚饭后和陈老弟到林家，正和小孩们讲故事，林老伯回来，打断了我们的小集会，他们太可爱了。

林是刚从云南转来，今早到平，他在上海时遇雨笙，知道我的一部分情形。满口说些为要迎合我的漂亮话。

因为林说起西南商店的话，沪（钟沪）想起他们的火腿罐头有在上海找条销路的可能。我俩在电车上也谈，在黑暗的胡同里也谈，也不知冷，也不知路远，不觉到了杨瑞安家门口。

时间已是十点多钟，除杨老师外都睡了，和他谈了一刻钟话，顺便辞行，他知道我之所以要去日本的真相，我之所以要这样，其作用全是鼓励他。

今天的工作最忙碌且紧张！

送了一张云南古碑给老阿，据老许回来的报告，他很高兴地接受了。

十一月五日

今天天气已经是够冷了，起得早，洗了身，写了几个给万姐姐（万山青）辞行的字。

下雪了！多美！这是今年北平的第一次下雪，她庆祝我在北平第一次演剧的成功！她欢送我明天的离平！

已经冷到华氏零度，我穿了许的毛背心、大衣、便帽，和大佛一道到商学院。十点钟，他们的庆祝会才举行。

大佛带我到一个女同乡家坐，她是《血衣》里的小青，我们曾在秋季大会

---

① 慈慧寺，位于北京市东城区北月牙胡同 11 号，时为北平剧联机关所在地。
② 手稿此处缺失一块，据于伶推断此几字当为"聂耳在北平的材料"。
③ 舍饭寺，位于北京舍饭寺胡同，东起西单北大街，西止小磨盘胡同。元、明两代属阜财坊。明代称舍饭蜡烛寺，因蜡烛寺（后名舍饭寺、法光寺）在此得名。

上见过。她提到赵释和赵晓镜①的话。我……②他们都在商院。

哥哥没找着，杨女士把赵晓镜带到后台来找我，谈了半天。好像她很愿意听"明月"的消息。

昨天弄的象征剧命名曰《起来》，排演结果还不坏，可惜晚上因时间不够而取消了。我仅拉了琴。

同乡去的不少，我一出台他们便喊"小四狗！"我的《血衣》算是演成功了。

随便钻到哪儿都是冷，在台上起立时只发抖，正好是剧里所需要的抖。

……③商院里是训练好一些强悍的纠察队，扛着大木棍四处防卫，一面叫学校当局不许放进一个。

我是带着提琴的，不等剧完便先走，回家收拾行李。

北平！算是告了一段落吧！二次重来，不知又待何时？

十一月六日

拿着小红本到各号签名忙、接电话忙，直到三点五十分才起身到车站。在二十五号坐最后一次的车。

送行的还不少，有几个很像要流眼泪的样儿，想不到他们会对我如此好！

十一月七日

旅费还是陈、许们④的帮助，我深深地感谢他们。

同车的山东大胖子，谈话颇投机。我知道他是到广州去的一个干政治工作的人，但是他总不肯放一句话。

---

① 赵晓镜，原为明月歌舞团女演员。
② 手稿此处缺失一块。
③ 手稿此处缺失一行多，约三十字。
④ 陈、许们是指陈钟沪、许强等时在北平的云南同乡兼聂耳好友。

聂耳在京书信选

致明月社同事【宋廷章】①三封信

老宋:

这次来平的详细经过,不是笔上可以讲得完的,等见面再说吧!

你要我到天津来,恐怕一时做不到。我在平大概还有一二十天②的耽搁。我总想你能来平一趟为好,我们有一天跑马路时是怎样说的?

耳上(原明信片上无日期、邮戳日期模糊不清)

老宋:

我知道,你这家伙一定是因为我用明信片给你写信的不恭而不回我信,是不是?因为不接你的信,我又怀疑到你是搬了家,所以到天津时不停留的直拖到上海来③。咱俩运气之坏,恐怕世界上只找得出这回不凑巧的事了吧!(这话你觉得不通吗?这是一句云南话。)

关于我的离沪,本想痛痛快快地和你面谈,现在呢?当然不可能了。只有在信上告诉你吧!"明月"④之没有希望,想来你是早已发觉的,我之所以老在里面待了这么久,也不过是希望它将来会好一些。谁知越弄越糟,使人再不

---

① 宋廷章是聂耳在上海明月歌剧社乐队的同事,天津人。1932年6月明月社脱离联华影片公司后,他离开明月社回天津担任中学音乐教员。

② 写于1932年10月20日,由北平寄往天津。

③ 聂耳从上海坐轮船到天津再转乘火车去北平,返程乘火车直接回上海。

④ 聂耳在上海就职的明月歌剧社,曾先后由黎锦晖、黎锦光兄弟领导。

能忍受了。三个多月前我曾在报纸上写过不满黎锦晖和中国歌舞的文字^①，因此互相的不满我便当然的脱离了。

到北平去的目的是：1. 休养过去未痊愈的脑病^②。2. 玩。3. 改换一下环境。现在病已养好并且发胖了，玩也玩够了，当然又回到南方来找饭吃。

前天抵沪，昨天搬来和老金^③住在一块，也许会暂在联华"做事，去日本恐怕要等政局平稳时再去。

老金问你好！写信交联华第一厂^④。

聂耳

1932 年 11 月 10 日

老宋：

到今天才知道这桩冤枉的事！冤枉！太冤枉！

在所有的朋友当中，我写给你的信算是最多了；然而，通通都存在特三区邮局里，一封也没有送到（你的）手里。你想，这是多么气人的事？！

自从闹肚子后所给你的信（看来）都丢了，因为我根据（的是）你给我的一张明信片上的地址："天津特三区 62 宋"。今天筘子^⑤说还有一个"六纬路"，我听了这话，简直气得昏倒在地上，幸好筘子们都扶住我。

我始终想不到你为什么老不给我信，当我南下时^⑥本预备到你那儿玩几天。后因不接信使我怀疑到你是搬了家或是不高兴理我，所以我过天津时竟一天都没有停留。回到上海时便写了一封长信给你，你依然不理！气得我哭过一大场！

计算自中秋节后所给你的信有五封：在北京发的四封，在上海发的一封。全是写成特三区 62 号宋廷璋收，你可以赶快到邮局去取。

---

① 聂耳以"黑天使"的笔名于1932年7月在报刊上先后发表了两篇指出黎锦晖及明月社不足的文章，由此引起社里对聂耳的误会与不满。
② 1932 年 7 月 23 日，聂耳在明月社锻炼身体时，曾经从单杠上头朝下摔下，数小时不省人事。
③ 上海联华影业公司的主要电影演员金焰（聂耳与宋廷璋共同的友人）。
④ 上海联华影业公司。
⑤ 明月社的主要女演员胡筘。
⑥ 1932 年 11 月 8 日聂耳从北平回上海的时候。

关于我过去的一切，在那些信里都说得很详（细）。至于我之不到天津，要望你多多原谅。"给你预备好睡处，结果一个大失望，你叫我心里会多么难过！"老实说，老兄，就是我到天津去找特三区 62 号，还不是 =0 ！

我现在老金处住着，也许会在（联华）第一场办事，等决定后再告你吧！

"明月"回沪了，昨天到那儿去玩，一切都好像有些变了！老兄！我真想死了你。

你们去年在第一场拍的照寄给你吧。老金问你好！

望你赶（快）给我来信。不然，我的肚皮要气破了！

因为一肚子的气，写得乱七八糟，谅之乎。

聂耳上（1932）12 月 1 日晨

聂耳创作的北京题材小说

前夜

军阀势力统治下的北京城，苛捐杂税日益加重，武人们的暴行更加残暴无理。马路上，军官们的汽车横冲直撞，三五成群的下级军官们扬威耀武地欺侮着人民，有时在市场上用军用票敲诈小贩。

随处都可看见小市民们交头接耳地咒骂着他们。

在一个繁华的市街上，一部汽车急驰而来，碰伤了行人，又安然驶去，因为车上坐的人是当地的大军阀和他的大少爷——赵欣，没有人敢去质问。

汽车停在大洋房门口，二人进去，一会儿赵欣出来，刚刚穿在身上的礼服，却换成西装，再坐汽车送往学校去。

首善大学的揭示处围住很多学生，其中一个——贺维中，在揭示处前指着布告忿然向群众演说，大家兴奋地拍手。

布告上是取缔本校学生会的组织。

赵欣走来读完布告，面露喜色，但看这些学生们在表示反对，鼓动者又是维中，心里马上不高兴起来，双目注视着维中。

维中在群众中愤慨地讲演："我们莫非连这一点起码的自由都没有吗？……除非谁愿出卖自己……我们要自由……我们要联合各校的学生会到教育厅请愿去！……"

学生在热烈的鼓掌中，赵欣把其中一个女生——秦若华，拖出，一面走一面说："你也要跟着他们捣乱吗？"两人走向校园里去了。

若华是为公益而同情维中的演说，为虚荣而敷衍赵欣。赵欣和若华虽然常在一块，但在他们的谈话中常常会冲突起来，因为赵欣总是说维中的不好，说他是学校中第一个捣乱分子。

请愿成功，学生会依然存在。一部分从事学生运动者更可借这胜利的机会作其他的活动——维中当然是最努力的一个，他们组织了各种学术研究会，出版学生自己的刊物，因此赵欣对维中之仇恨更深。

赵欣也有他御用的群众，他情愿个人拿出钱来津贴他的走狗也办刊物，和维中们作对，方而勾结学校当局开始注意这一部分比较前进的学生。

李从善——一个刻苦用功的学生，从乡下实验中学实习转来，听到学生会胜利的消息，高兴极，因为他也是对学生运动最努力的一个。

从善是若华的表兄，他们是一块儿从家乡——湖南来的，他常常借书给若华看，想领导若华从正路走，不愿她终日和赵欣鬼混；但另一方面，赵欣为要加紧进攻若华，不得不竭力拉拢表兄从善，常常投其所好，拍拍马屁，他知道从善好读书，便买些各书局的礼券送他。

学生会的组织日益扩大，为救济失学贫苦儿童，由维中负责办平民夜校，从善和学生会的几个同学也同在平校工作，若华也被聘为唱歌教员。赵欣所认为的捣乱分子现在却又碰在一堆了，他们一块儿工作，当然特感兴趣。

一学生李嘉祥在课堂上发急病，维中送他回家，正遇着小孩的爸爸——李春廷，一个警察，贫病交加，他赠予他袋中仅有的二元钱给他买药，春廷感激非常。

平校的创办，成绩颇佳，维中在大部分学生群众中更得敬仰。赵欣仅在他御用的刊物上攻击、破坏，他也感到空虚。他再三考虑的结果，决定利用卑鄙的手段直接破坏维中。一方面向若华提出不许她再到平校工作，再一方面收买劣孩打听维中、从善、若华等的行动。

从善始终是要回避赵欣纠缠，但他的马屁功夫来得高明，只有暂时敷衍。自从在平校工作后，似乎是和他疏远了，此刻他正规劝若华脱出赵欣的包围。

若华在平校工作更努力，和维中、从善们更亲切，这些情形由小侦探报告赵欣，他觉着若华是无望了，维中是他唯一的大敌人。

我们没有忘了赵欣的爸爸是大军阀，赵欣在这样严重的情势之下，什么丑恶的事情都能干得出来，于是维中、从善等被捕了。

赵欣此后对若华大加活动，若华正好利用这机会和他要好一下，目的想救出他们。但赵以为她是真情，把他们释放了。

学生会开会欢迎出狱的同学，若华借故失赵欣的约去参加。后来被赵发觉，他知道她对他们这群怪物的心还未死，又气愤非常。

自从他们出狱后，若华对赵欣常常借故失约。某日，若华告维中，他们之所以能很快的出狱，全是她的力量，并且再三解释她和赵欣没有什么关系，望他继续努力平校工作。

维中此刻发觉她对学生运动已有相当的认识和诚意；同时感到她有点表示爱他，但维中仅以诚意致谢。

维中和若华的亲近又被劣孩查觉，赵欣想用更毒辣的手段做一最后的解决，于是约若华到他家里，用手枪威逼若华，要她无论如何和他订婚，一块儿到北戴河去，否则便是一枪了之。

若华非常镇静地答应了他，温存地说："你何必用这种吓人的手段，我始终是爱你的呀，不过为了要避免同学中的谣言，所以在表面上不得不装点腔，现在既有离京的机会，当然没有一点问题。"他们约定明天起程。

（赵总望越早走越好，他提出当晚便走，后来若华巧言相劝，才定明天，盖若华有其花样经也！）

赵欣以为大功告成，其实再中若华的计。

若华心中在交战着，自己分析的结果，决定跑到维中、从善那儿去共商对付办法。

若华找到维中，正谈她的经过时，从善跑来报告有通缉维中的消息，叫他赶快离京，三人商量结果是：（1）实现他们过去所谈的"到广东去投革命军去"；（2）维中和若华今晚夜车南返，返乡。从善和别的同志后来一步。

近日政府对离京的学生特加注意，火车站加岗盘查，较往常严厉数倍，维中和若华在车站适遇李春廷检查盘问，省了不少的麻烦。

赵欣至期访若华，人去楼空，正怨愤，从善入，赵欣以手枪恐吓从善，叫他交出若华。从善忿极，设计夺枪，对空放枪鸣警，谁知原是空枪一支，于是二人格斗，俱负重伤。从善断臂负伤逃走，赵欣已昏倒在地。

维中和若华到了上海，生活不像在平校时那么忙，整天安闲地东逛西游，双双出入于公寓，看来很像一对新婚夫妻，他们有时也觉着难为情。这时若华对维中的爱更深，若华提出要维中送她回湖南，并且希望他同在湖南教育界服务。

维中觉着和女子这样混下去，对他的前途实在大有影响，至少在目前还不该谈这爱不爱的问题，尤其是在这紧急关头，偶一不慎必不可救药。于是他决计赶快脱离女人的圈套，即到广东去参加革命军，叫若华在上海等她的表兄来送她。

维中在临行时送她一本书留作纪念，说了不少鼓励她的话，希望她多读有用的书，多理解社会，有什么问题可以随时请教从善，因为他懂得的多些。

断了右臂的从善，不能等候相约往广东的同志同来，只身逃到上海。

若华告以维中已赴广东，他决计即往广东找维中去。

若华之所以请维中送她回湖南，当然是别有用意。后被维中拒绝，她也知道维中不会为一时的情感作用所驱使而障碍自己的前途。她也很能理解他，所以既不坚持，又不提出同往广东。现在从善来了，按理她要请从善送她回湘，但她想到从善的断臂，完全是为了她和赵欣无聊的纠缠，她替他想着太不值得，同时很钦佩从善的勇敢——虽然断了臂却坚决要到广东去，她无形对从善起了更深的信仰。这时，若华内心的矛盾，使她对一切都茫然了。

若华诚恳地对从善说："我要求过维中送我回湖南，被他拒绝，一个人到广东去了。他说等你来时要你送我去，我现在觉得去湖南也没有什么意义。"

"那么，你预备怎样办？"从善问。

"我请教你，……维中叫我请教你，我觉得维中所说的话都对。"

"我明白，你爱维中，你不愿他为你而障碍了他的前途。这是对的。但是你应该充实你自己，做我们应做的事，做他所希望你要做的事，这才是真的爱他。"

报载北京捕了很多想到南方投革命军的学生，同时还有贺维中、李从善的通缉令。

从善见报，兴奋异常，想赶快离沪赴粤，他告若华明天便要动身。

若华要跟他同去找维中，从善说"待考虑"，因为维中自离沪后便杳无音信，从善也不能把握得住能否找得到维中、他一个人倒可以去乱碰，带了一个女人到底成问题。何况自己的手已经断了一只、他最后的决定还是不愿自寻麻烦，一个人先去，叫若华等他的信来再去。

若华受了两次的拒绝，自己仔细分析，似乎更了解维中、从善们的铁的意志。

从善要走的头天晚上，若华简直不能入眠，睁着两只大黑眼睛追忆维中过去鼓励她的话，又在枕边翻开维中送给她的书，书签夹在这书的一大半，她想到维中的英勇，使她兴奋得从床上跳起来，紧握着双手，憧憬着革命高潮的到来。一会儿又疯狂地哭了，想着从善为自己的私事而被打伤，她所爱的人都离她而远行。她写好一封给维中的信请从善转交，但不知他现在是死还是活？！不禁又大哭起来。

虽然他们是同住在一个屋里，若华尽管去疯狂，然而从善却安然入眠，脸上露着微笑，行李安静地堆在床前。

半夜，有人敲房门若华不敢去开，轻轻把从善推醒，外面敲门声更急，喊着："李先生！电报！"

"若华勿返湘，速来，告船名，码头接，他伴陆续来，维　鱼。"

两人看完电报，静默了半天，总怀疑是在做梦，从善打若华一下，她知道疼；若华也打从善一下，他也知道疼，互相证明这绝不是梦境，再读电报，于是两人极自然地诚恳地一抱，忘形似的大跳大唱起来，直到把邻舍吵醒，老板来警告，才知道这是在深夜里，两人又觉好笑。

从善急忙发快信报告同志，若华忙着收拾行李。

一只轮船在东海驶着，暴风雨之夜度过去了，黎明到来，香港的夜景闪过去了，轮船漂在珠江里。

***

战场上，冲锋着；壕沟里，埋伏着。在那些大兵群里，发现了维中、从善，他们和别的大兵没有两样，简直不像大学生的面孔。

电报局里，工作很紧张，若华在翻着急电。

冲锋！冲锋！冲锋顺利地在进行着！

战壕里沉静着，枪口，炮口，机关枪口，对准了同一个目标，期待一个拂晓的攻击。

冲锋！冲锋！冲锋顺利地在进行着！

（完）

《前夜》编后

1. 我觉得修改一个剧本实在比创作一个剧本难，审查会敢将《时代青年》要我修改过，我敢接受了，实在大家都太胆大。

2.写了一半分幕，剧本被马徐先生①拿去，我也便随着偷懒下去，过了很多天，突然卜先生②要我赶快交出讨论，于是赶了两个夜工，写就《前夜》故事。

3.《前夜》的中心意识是描写统治阶级的一般底层压迫，他们的压迫愈凶，革命势力的滋长更速。本剧以学生运动的斗争为主题，插入大学生的 romance（罗曼史）；收场的"学生投革命军"，这是在当时统治阶级大施其白色恐怖时一部分前进学生唯一的出路。

4.《前夜》的主人翁是和《时代青年》一样，然而各人个性的描写全异，因为故事是从另一线索展开。

5.《前夜》之所以命名为《前夜》是因剧中的几个重要关键都是"在前夜"，似乎只有如此命名较为恰当。如：

A.赵欣强迫若华订婚，约期的前夜，若华和维中逃走了。

B.接电报，若华能同往广东，是从善预备离沪的前夜。

C.在前夜，期待着拂晓的攻击。

D.革命势力的日益发展、扩大，这是大时代到来的前夜。要是实在没有办法请雷同者更名，请诸位酌改之。

6.收场的几个战景，最好不要出现什么旗子，否则不如在轮船驶往珠江处收场如何？

1933 年 8 月 26 日夜 12 时脱稿

1933 年 9 月 13 日修改于上海

〔校记〕据云南省博物馆藏手稿校录。

---

① 马徐维邦（1901—1961），浙江省杭县人，1924 年在明星影片公司担任美工，在上海出演《爱情与虚荣》《上海一妇人》《情场怪人》《混世魔王》《骨肉之恩》。编导《夜半歌声》《古屋行尸记》《夜半歌声续集》《火中莲》等。1947 年前往香港，在港拍摄并执导《琼楼恨》《狗凶手》《碧血黄花》《复活的玫瑰》《毒蟒情鸳》等。

② 卜万苍（1903—1974），安徽天长人，扬州第五师范肄业。1921 年入中国影戏制造公司，从美国籍摄影师哥尔金学习摄影，并拍摄短片《饭桶》，执导《三个摩登女性》《母性之光》《国魂》《人心》《新人的家庭》《玉洁冰清》《恋爱与义务》《三个摩登女性》《母性之光》《黄金时代》《凯歌》《木兰从军》《西施》等。1942 年入中华联合制片股份有限公司，参与执导《万世流芳》《博爱》等影片。1948年任香港永华影业公司导演。1950 年创办泰山影片公司，导演《长巷》《一夜风流》《苦儿流浪记》等。20 世纪 60 年代为台湾制片厂导演《吴凤》《梁红玉》《赵五娘》等。

《北平胡同印象记》
（观中国哑剧《香篆幻境》后）

阿夫夏洛穆夫（A.Avshalomoff）[①] 是一个专门研究中国音乐及戏剧的俄国作曲家，他的作品有交响乐曲《北平胡同印象记》（In Hutungs of Peiping）、舞踊音乐（ballet music）《琴心波光》《香篆幻境》（后改名《古刹惊梦》）以及歌曲《晴雯绝命辞》等。

我们知道，外国的音乐家到中国来研究中国音乐的不只是阿氏一人，但比较多有点作品表现到社会上的那恐怕只有阿氏。不管这些作品是好是坏，无疑地它会给中国的音乐界带来或多或少的影响，所以我们不能不对阿氏的作品来一检讨。

记得是在前年吧，大光明戏院重新开幕时，《琴心波光》在此上演，由袁美云等演出，还有刘经芳夫人的独唱《晴雯绝命辞》。在最近，又有《香篆幻境》的公演，这可见阿氏是多么努力地在研究着中国音乐。我们单就最近这次的公演已经够知道他对中国音乐的认识，也可以说，这两套交响乐曲已经够代表阿氏所有的中国风乐曲了。

一、《北平胡同印象记》（In Hutungs of Peiping）

这乐曲是很久以前便在工部局星期音乐会上演奏过的，这次仍是由梅柏

---

① 阿龙·阿夫夏洛穆夫（1894—1965），俄国犹太籍作曲家，后加入美国籍。20世纪20~40年代一直在中国从事音乐创作，其事迹可参看：姜椿芳《一位终身献给中国音乐事业的作曲家》（刊1982年8月10日《人民日报》）。

器（Mario Peci）指挥，工部局乐队演奏。"A sketch of sound'"（音响的素描），的确仅仅是一些 sketch（素描）而已，虽然只在中文说明书上注有"交响诗"的字样，我相信作者是想把它写成一个 symphonic poem（交响诗）的。果真，看那一幅灰土笼罩着的北平城，灯光随着音乐的强弱而变更，北平城已随着光线的变更而分出昼夜，多么美的北平！多么诗意的北平！然而，这美，这诗意，不过是在表皮的、视觉上的，我们只要从这乐曲的本身分析一下，显然是有着相当的失败。

他根本没有把握到一贯的情调，有组织地写成一首交响诗，仅用一些真实的音响插入自己的想象中，使它成为一个很饱满的 sketch（素描）。因此我们听不到许多主题的反复与变形，自始至终轻描淡写地过去了。

许多真实音响的插入，因了前后转调的不自然，以致破坏了全曲的统一性。最显著的是有一节描写北平的大风已息，红日高照，flute（长笛）奏着平静的旋律，正使人感到一种安闲的心境时，突然来一阵二簧原板的旋律，不经过相当的转调过程，原原本本地突来突去，始终是欠妥的。在外国人的耳朵听来，也许他们认为这是最好的一点，最能代表中国味的一点，因为一般的外国人所认识的中国音乐便是这个。

作者对于自然音的描写还不够音乐化，如理发匠的拨钢叉①声、卖零食者的铜铃声、繁杂的市街上许多卖衣服者的叫卖声等，这不过是一种"模仿音乐"。要是作者想仿效现代法国印象派作家杜襄西（Claude Debussy）②的作风的话，那似乎是不够吧？

二、《香篆幻境》（Incense Shadows）

无论作曲者的乐曲是怎样精美，演者的表情是怎样的细腻与贴切，倘若剧情复杂，曲折太多，反要使哑剧减色的。观者于无意中思索舞台上表演的剧情，因此内容复杂的故事却分了观众的心，无暇顾及演者的动作与哑剧中最重的分子——音乐的节奏。

---

① 旧社会穿街走巷的理发匠，手拨钢叉，俗称"唤头"发出声音，以招引顾客。
② 又译为德彪西，法国著名印象派作曲家。

《香篆幻境》里所演述的不是情节离奇的故事，剧情不过是作曲者借以编制乐曲的躯干而已……编剧者樊亚·欧克斯（Vanya Oakes）在序言中这样写着，实际上我们也是偏重在音乐上的讨论。

这是一个三幕哑剧，音乐的伴奏、布景、服装、演技，可以说完全是根据着京戏的技巧，以较新的形式编制而成的，所谓"改良国剧"。

当我看完了第三幕时，我想：改良国剧从这条路上跑去，也许是对的吧！的确，许多京剧里的舞姿、武行，要是给它音乐节奏化，着实可以发现一些中国音乐与舞蹈的新姿态。这次阿氏所作全剧的伴奏，可以看出他是用过一番苦功的，许多动作都有着节奏的美，不过在第二幕中以锣鼓伴奏武打的动作时，他还不敢大胆地利用断然静止法，同时使演者摆定一个姿势，音乐和动作成为一个暂时的静止状态。

第一幕僧道的合唱，是根据中国的五音阶作曲，为了用短调的缘故，显得异常伤感，没有寺庙中幽静的情调，直觉地听来，简直是俄国民谣的风韵。

关于选择乐器之不适当，这也是值得提出的。如第一幕中所用的小鼓和小锣（京戏班用的），来代寺庙中的木鱼和磬，因为音色的差别，也是会破坏整个空气的。

仅仅是一些观后感，至于中国新音乐的建设问题，预备在另一机会讨论。

附

师毅跋记

我万没有料想到的是：聂耳的这篇文字，由我促他写成，而今天却会由我把它影印了来发表。是人事无常么？我不能不叹息于这大有希望了的新兴乐运之斗士的惨死！当阿夫夏洛穆夫于本年三月十三至十五在卡尔登举行他的中国风的乐剧演奏之前，大约是三月十日，在我家里聚谈的朋友，有欧阳予倩、陈德义、吕骥、任光、安娥、贺绿汀、吴体正、林志音，还有聂耳，我们约好了：同去看过阿氏的作品归来，便给他一个多方面的批判的。聂耳的此文，虽已在行色匆匆的出国之前，但还是把它赶写了出来，作为他的意见的书面讨论而提出。你能说聂耳非天才么？他没有步入过学院的门一步；你能说聂耳不努力么？他没有浪费过他的时间一分。如果他在音乐上有什么成就的话，什么都是他自己在短促的二十四岁的生涯中，一点一滴获取来的。知道他和不知道他的只要没有成见的人，谁不对他怀着至高的期望。这期望像玻璃堕地似的，而今都碎了！在整理他的遗著发表的这风雨的今宵，我回首前尘，怎能不凄惶而垂泪呢！

八月八日夜四时

（原载 1935 年 8 月 16 日《电通》半月画报第七期）

聂耳与家人
（左起为三哥，聂耳，二姐，母亲，大姐，席地而坐者为聂耳外甥）

评述篇

从北京到东京：聂耳生命中的双城记和进行曲[①]

殷思佳[②]　冯　雷[③]

聂耳以音乐为专业，自 1931 年入行之后他的主要活动都集中在上海，其间曾短暂地北上进京，重返上海之后又选择了东渡日本。北上、东渡的选择与经历是考察聂耳生活、思想轨迹的两个醒目的抓手，因为聂耳两度离沪都是基于对周围环境的考虑以及对理想和出路的寻求。孔子云"志于道，据于德，依于仁，游于艺"，而聂耳的考虑、寻求莫不与志道、游艺息息相关。对于聂耳来说，志道、游艺又是与救亡、启蒙辩证统一的。所以在北平和东京的这段"双城记"看起来更像是他短暂一生中两段不容忽视的"进行曲"。

矢志不渝，北上进京

乘北京地铁二号线到宣武门，西南口出站，沿着宣武门外大街奔南走，没多远在右手边闪出一条胡同，过去这里一直叫鞑子桥胡同，1965 年雅化为达智桥胡同。进了胡同第一个丁字路口往南拐便是校场头条。和达智桥胡同的规整、干净相比，校场头条略逊色几分。路西的七号院离巷子口不远，宅门看起

---

①　原文名为：日本为何每年演奏《义勇军进行曲》。本文转载自人民网。

②　冯雷，1981 年生，博士，中国作家协会会员。曾任日本东京大学外国人特别研究员，现就职于北方工业大学，曾获第 17 届中国当代文学研究优秀成果奖、第三届日本华文文学奖等。

③　殷思佳，1987 年生，湖南涟源人，现居重庆，就职于四川美术学院。2017 年博士毕业于湘潭大学。2019 年曾赴日本东京大学访学。

来平淡无奇，同资料照片里气派的敞亮大门一比真是相形见绌，尤其是门口的两只石鼓和门簪子上"云南会馆"的匾额早已不见踪迹。1932年11月5日，披着这一年的初雪，聂耳在日记里写道："北平！算是告了一段落吧！二次重来，不知又待何时？"依依不舍之情可见一斑。第二天下午，聂耳辞别才住了三个月的云南会馆，重返上海。

聂耳在北京的经历同他此前在上海的生活是无法割裂开的。从聂耳的"北平日记"来看，他1932年8月10日到了北平，仅住了十天就动了回上海的念头，在随后的几天里这个想法愈发按捺不住，几番下定决心，无论如何要在9月16日回上海去，为此还曾专门到正阳门车站问讯处打听发车时间、票价、行李等。那最后为什么在北平延宕下来，当初又为什么要来北平呢？

聂耳离开上海，最直接的原因是因为他化名"黑天使"写文章批评亦师亦友的黎锦晖，化名被识破之后，聂耳脱离了黎锦晖领导的明月歌剧社另寻出路。有的人认为这种描述实乃是尊者讳，掩盖了聂耳想要在《芭蕉叶上诗》等剧中扮演角色而未得，于是转而挥笔泄愤的隐情。这种说法流布甚广，但显然把聂耳想得太过狭隘和自私，而且也没有把聂耳的思想成长和转折看成是一个完整的链条，自然也就谈不上理解聂耳诸多看似一时冲动的选择。简单来说，聂耳的"上海日记"主要有四方面的内容：爱情烦恼、日常练琴、批评剧团以及自遣自励。后三者之间的关系更为密切。在日记里，聂耳很少自暴自弃，他常常显得充满自信，认为自己可以胜任许多工作，包括在电影里扮演一些角色，并且事实上聂耳是有过从影经历的。另一方面他又时常进行自我教育，"不要忘记自己的发展"。但聂耳对明月歌剧社显然不太满意。1931年春，在初识田汉时聂耳便对黎锦晖"某些不健康、不严肃的倾向"表示了不满，在近一年的时间里他在日记中多次写到只是"帮他们工作""干完这两年再说""另走他路吧"，在1932年3月聂耳便萌生过去北平考"艺专"的想法。

聂耳对"明月社"的不满有管理、待遇方面的原因，更主要的还有艺术方面的原因。聂耳少年时曾参加过"学生军"，到上海之后常常以"革命新青年""革命者"自诩，他时常思考"怎样去做革命的音乐"、如何"能够兴奋起、可以鼓动起劳苦大众的情绪"，他当时的朋友中不乏像于立群、贺绿汀、艾思奇、郁达夫、田汉这样的进步文化人，而黎锦晖却恰恰饱受所谓"靡靡之音"的批评。所以聂耳一方面出于上进之心希望扮演角色，另一方面又撰文批评，这其实并不矛盾，都是有思想脉络可循的。并且当时聂耳和周围一些关系密切的朋友之间不时会交换文章甚至是日记，聂耳动笔也并非头脑一热，而是看到好友金焰在《电影时报》上发表了文章而"一时激起我的发表欲，想对他来一个相继的意见"。由此可见，聂耳进剧社、写文章、上北京，这些正如同他成长道路上一系列前后相继的车站一般，并非临时起意。这样似乎就可以更加明确聂耳进京的意图：在思想上追求进步，在艺术上寻求提高，在个人前途上谋求发展。

彷徨、失意、奋起：在北平靠近革命

聂耳住进云南会馆的当天就和在北平的朋友们取得了联系。尤其值得注意的是抵达北平之后的第三天，聂耳便去拜会了黎锦晖的四弟黎锦舒，两个人谈话多时，黎锦舒还建议聂耳到欧洲去。后来重回上海之后的第二天，聂耳就在曾被他批评过的卜万苍家中遇到了黎锦晖的七弟黎锦光的太太，日记里记载说："七嫂子好像比以前活泼些，对我很有好感。"由此可见聂耳与黎锦晖及其周围亲友之间未见得已经闹得关系破裂、形同陌路。

中山公园、大栅栏、东安市场、什刹海、北海公园、北京动物园、双清别墅、香山饭店、卧佛寺、碧云寺、清华园、燕园……和今天的游客一样，聂耳也是先到这些地标景点玩了个遍。但他毕竟不是来旅游的，而是带着目标来的。从日记来看，聂耳一方面也希望能进正规大学系统学习，到北京20天后他的日记里便出现了周围朋友们投考学校的内容；但另一方面他在上海养成的自我激励、自我批评的心理又刺激他担心校园生活太过悠闲，使自己"软化下去"。两种心理此消彼长，难以决断。一度下定决心回上海也正是这种犹豫、焦虑心态的体现。读聂耳的日记时常会让我想到丁玲的《莎菲女士的日记》，其实聂耳的日记也正是一部更加贴近真实生活的"自传"，把20世纪30年代的聂耳同20年代的丁玲、莎菲放在一起，这或许会使人们更容易体会聂耳的烦躁、彷徨、忧虑和希冀，更容易在伟大和年轻之间恰切地想象聂耳。

北平是历史文化名城，经过"文学革命"的洗礼与"革命文学"的筛选，到 20 世纪 30 年代北平形成了阵容齐整的"京派"文人圈,他们追求艺术的醇正和恬静,批评低级趣味和商业竞买,特别是后者,正与聂耳相合。在朋友们的建议下,聂耳参加了国立北平大学艺术学院的入学考试,但是名落孙山。北平艺院前身为 1918 年创办的北京美术学校,此后历经变更,1928 年改为北平大学艺术学院,1949 年撤销。校址原位于西单京畿道,现在似乎已经湮没不存了。在放榜之前,聂耳找到了在东交民巷里栖身的白俄小提琴教师托诺夫,和他学习以期提高琴艺,断断续续持续到 10 月中旬,因学费难以为继而被迫终止。这些都是聂耳在北平耽搁下来的原因,而此外还有一些原因则是聂耳在日记中未曾多说也不便多说的。

1928 年,聂耳在昆明时便秘密加入了共青团,到上海之后对革命文艺则更加关注,甫一住进云南会馆便引起了便衣特务马匡国的注意,此后聂耳在日记里则以"马三哥"代之。值得一提的是,在聂耳入住前,云南会馆曾经是云南党组织创建过程中最早的基地。"五四"运动中,云南青年成立了"大同社",1922 年后,大同社成员多数潜入北京,在云南会馆里组织起"新滇社",在此之后部分新滇社成员秘密入党并回云南创立了党组织。今天在校场头条胡同口的简介里对这段历史也略有提及。

当然同样关注着聂耳的还有地下党组织,特别是"北平左翼戏剧家联盟",上海方面也给北平剧联的负责人寄来了关于聂耳的介绍信。在北平剧联的吸纳和引领之下,聂耳积极参与了不少进步的文艺活动。在落榜之后,为北平剧联的机关报《戏剧新闻》写稿、参加文艺演出,尤其是作为主要负责人筹建"北平左翼音乐家联盟"成为聂耳在北平的主要活动。特别是在朋友的影响下,聂耳的创作欲再度躁动起来,计划以他"由云南至广、湖的实际生活为取材,写成一篇长篇小说",并在日记里列了一份大纲。他还把自己和同乡诗人柯仲平做了比较,认为:"说起云南的柯仲平的创作精神,使我觉得自己也可能做出和他差不多的作品,我有的是充分的材料。"只可惜天妒英才,假以时日的话聂耳未尝不会在文艺批评乃至文学创作领域开拓出一片天地来。

北上之行虽然只有区区三个月,但是对聂耳来说却可谓影响深远。直观地来看,离开北平之后,聂耳的日记较之以往稀疏了许多,1933 年常常是一连几日都付之阙如,1934 年和 1935 年留日之前各只记了三天。而在音乐创作和著述上，聂耳则迎来一个明显的高峰，特别是在音乐创作方面，日后人们耳熟能详的《开矿歌》《卖报歌》《毕业歌》《梅娘曲》《金蛇狂舞》等全都作于聂耳离开北平之后。显见得聂耳在艺术创作上更加投入了，他甚至觉得"写信比写日记重要"。

更为隐蔽和内在的是，聂耳在思想上更加成熟了，在 1932 年 11 月 7 日离开北平之后，1933 年初由赵铭彝、田汉做介绍人，夏衍监誓，聂耳加入了中国共产党，更加深入地参加到"左联"领导下的文艺工作中来，这或许才是聂耳转变的内在驱动力。如果说是摩登的上海为聂耳提供了最华丽的舞台的话，那质朴的北平给予聂耳的"挫折教育"则助力这位天才的音乐家拉开了人生舞台上那掩饰了许多未知与可能的神秘大幕。

东渡赴日：求学周恩来曾就读的学校

聂耳是因为躲避抓捕而于匆促之间赴日的，但赴日其实也一直是聂耳的梦想。在云南读书时，聂耳便选修过日语，在北平落榜之后前途渺茫之际聂耳也曾憧憬过到日本去，但因为没有钱而打消了念头。除却个人方面的原因之外，到日本去还与晚清以来的诸多社会因素有关，最主要的是甲午一战带给中国的莫大刺激，举国上下皆谓守旧不变终非长计。当然清政府也有许多顾虑，唯恐过分摄取西学而影响自身政体的安危，较之欧美，"地属同洲政体民情最为相近"的日本就成为最适宜的对象，因之制定了一系列留学政策。张之洞在《劝学篇》里辩言"西书甚繁，凡西学不切要者，东人已删节而酌改之""各种西学书之要者，日本皆已译之，我取径于东洋，力省效速"。梁启超也认为日文音少、无棘刺扞格之音、文法疏阔、名物象事多与中土相同、汉文居十六七，所以学习日文要更为容易。此外，留学日本"文同、地近、费省"也是颇为实际的因素。在这些之外，也不能忽视日本官绅在中国的热心延揽，只是在"维持东亚经纶之大策"的包装之下掩藏着的却是文化殖民的祸心。在多重因素的合力之下，虽然"读的是西洋书，受的是东洋气"，但赴日留学者仍然浩浩荡荡，最多时一年有八千余人，在聂耳赴日的 1935 年还出现了约 6500 人的小高峰。日本方面也相应设立了许多为中国留学生而办的学校，如培养了一众日后知名人物的成城学校、弘文学院、振武学校以及聂耳就读的"东亚高等预备学校"。

比起当初到北平时先是游玩了一番，聂耳抵达东京的当天就到"东亚"听了两个小时的日语课，第二天就报了名入学。其实当看到聂耳是在"东亚"补习日语时，我不禁在心里暗暗画了个惊叹号，因为1936年萧红到东京后也是在这个学校上课，略长半岁多的萧红还要管聂耳喊一声"学长"。这样一来，这个东亚学校自然就成为不得不去看一看的所在。

经查，东亚学校后来毁于地震，原址已经改为"全爱公园"，位于东京都千代田区神田神保町二丁目，离东京大学并不太远，导航显示步行二十来分钟就能走到。东京的街道比起北京要狭窄得多，尤其是导航规划的步行优化路线，马路更显逼仄。在异国他乡苦心孤诣地寻访先辈同胞的足迹则更有一番难以道尽的感受。几番曲曲折折之后，全爱公园终于闪现出来。名曰公园，实际上非常袖珍，一个喷泉、两个花坛、几棵树木而已。花坛里竖着一碑、一牌。石碑上端醒目地刻着"周恩来曾在此求学"；下端则表明这里便是"东亚高等预备学校遗迹"。旁边的牌子上用日汉双语简要介绍了"日中两国人民敬爱的周恩来总理"在东亚学校读书的经过，落款是"千代田区日中友好协会"。原来周恩来、聂耳、萧红都曾在这里学习过。我忽而想到那难以道尽的感受中或许包含着"抗拒遗忘"之意。

除了东亚学校之外，聂耳还曾到"日比谷公会堂""东宝剧场""九段军人会馆""新宿第一剧场"等地观摩过许多文艺演出，这几处相距都不太远，我也都一一专门去找过，有的仍然耸立在街头，有的则已经毁弃并随着时间渐渐被人淡忘了。

抗拒遗忘：异国他乡的纪念

提起聂耳，人们最直接想到的恐怕便是《义勇军进行曲》，鲜为人知的是，《义勇军进行曲》是聂耳在东京修改定稿的。当时地下党领导下的"电通影片公司"筹拍新片《凤凰的再生》，由田汉编剧。但田汉刚写出一个故事梗概和主题歌歌词便被捕入狱了，夏衍继续把故事梗概写成电影文学剧本，并改名为

《风云儿女》。行将避难的聂耳得知消息后主动请缨为主题歌作曲，他在上海完成初稿，抵达东京之后加工修改，寄回国内。田汉后来听到这支曲子，盛赞聂耳的作曲"爽朗明快，善于处理在别人很不易驾驭的词句，这歌词中'中华民族到了最危险的时候，每个人被迫着发出最后的吼声'是被认为很不容易驾驭的，而他处理得很自然有力"。在谱曲之外，聂耳还结合音乐旋律对田汉的原作做了一些调整，尤其是在"我们万众一心"之前三呼原稿开篇的"起来"，强化了步步高涨的气势。

然后在历史的氧化作用下，有些细节却渐渐涣漫不清了。有不少文章包括田汉本人都引用了孙师毅的回忆，说《义勇军进行曲》的歌词是写在一张包香烟的锡纸的衬纸上。而夏衍在20世纪80年代初就纠正说田汉的《入狱》才写在这种衬纸上，是田汉记错了。田汉的剧本梗概"写在旧式十行红格纸上，十余页。《义勇军进行曲》这首主题歌，写在原稿的最后一页，因在孙师毅同志书桌上搁置了一个星期，所以最后一页被茶水濡湿，有几个字看不清楚"。如果说这种错讹与当时动荡的社会环境和当事人的记忆偏差有关，还情有可原的话，那么另些明显的错误则实在令人费解。有不少资料里都把聂耳和同乡好友廖伯民的合影错当作聂耳与田汉的合影，以讹传讹。事实上，田汉留下来的照片非常多，而且田、廖二人面貌差异明显，稍加辨认即当错不至此。我在东京有幸遇到田汉的后人，经过询问确认聂廖合影中的不是田汉。

从日记可以看得出，聂耳到日本之后时间上利用得非常紧凑，日记中也时常蹦出几个日文单词来。聂耳制定了四个"三月计划"，到日本两个多月的时候，他在给友人的信中愉快地通报自己以学习日语为主的第一个"三月计划""仅仅两月工夫便全部实现"。在东京，聂耳在音乐、戏剧和电影方面都做了不少深入的调查和总结，从他遗留的著述可以看出，聂耳在坚持左翼革命文艺立场的同时，汲于了解国外同行的技艺创新、潮流动向，这和他在国内时的思想发展是一脉相承的。如果不是天不假年，那么这段海外之旅完全有可能成为聂耳在艺术上新的酝酿期和孵化期。按照原计划，一年之后聂耳还打算到苏联、欧洲去。但是到日本才刚刚三个月，聂耳却因为一场意外在日本成为永远的不归之客。

说实话，"不归之客"这个词我还是在藤泽的聂耳纪念广场的碑文中第一次见到。1950 年，日本马克思主义者福本和夫从英文版的《人民中国》上看到了关于《中华人民共和国国歌》以及聂耳的报道，他请藤泽市议员叶山冬子翻译了这篇报道和《义勇军进行曲》歌词。聂耳及其在藤泽市的活动于当地得以传播开来。同年 11 月，"聂耳纪念之夜"活动在藤泽市举行，《义勇军进行曲》在聂耳殒没的地方奏响。1952 年，福本和夫首倡为聂耳竖立纪念碑，1954 年纪念碑落成。从 1896 年清政府选派首批 13 名留日生到 1937 年抗日战争全面爆发，四十年间负笈东游者至少有 95000 人，而日本为之塑像立碑者却屈指可数，聂耳正是其中之一。然而在 1958 年"狩野川"台风中纪念碑却被巨浪卷走了。藤泽市民于 1963 年成立了聂耳纪念碑保存会，重新筹建纪念碑。纪念碑原来位于引地川河口，可用之地狭窄，1965 年新纪念碑在现在的位置落成，此后历经翻修、扩建，形成了现在聂耳纪念广场的形制和规模。

广场背倚相模湾，不远处就是著名的景点江之岛，不少人在近海处冲浪、嬉戏，还有许多人在广场周围的沙滩上烧烤、打球，乌鸦和老鹰自由地飞翔在天空上，周围的气氛非常轻松、惬意。现如今，广场上共有六块各具来历的碑铭，其中一块是由 1986 年时任藤泽市长的叶山峻题写的《聂耳纪念碑的由来》。可能没有多少人知道这位叶山峻的母亲就是当年翻译《义勇军进行曲》的叶山冬子。两代人前仆后继、薪火相传，这使得聂耳纪念碑更具纽带意义，不但连接着中日两国，同时也连接着日本国内的友好人士。

在纪念广场中央竖立着一座造型奇特的祭台，仔细一看，祭台的平面乃是一个"耳"字的造型。在学艺的过程中，人们发现聂耳别具耳聪，听得出、记得住、弹得来，所以戏称他"耳朵"。在当时"聂"字用繁体写作"聶"，"聶耳"合在一起就是四只"耳朵"。久而久之，"聂耳"这个名字的光芒反倒盖过了他的本名和曾用名，成为他最具标志性的符号。"耳"字的造型既是对聂耳本人也是对其才华，同时更是对其深远历史影响的铭记。作曲家生前未曾听过《义勇军进行曲》演奏的情形，而今只要提起聂耳、提起中国，每个华人的耳畔、心房都会回响起这明快、昂扬而又雄壮的旋律。

"北漂"聂耳遍游天桥学艺　创作不朽旋律

在我们生活的京华大地上，曾经涌现出大批爱国主义民族英雄，他们为实现中华民族伟大复兴做出了巨大贡献，值得我们永远铭记。

"苟利国家生死以，岂因福祸避趋之"。弘扬社会主义核心价值体系和中华民族优秀传统文化，就是要彰显"天下兴亡，匹夫有责"的民族英雄风貌。

云南会馆"北漂"遍游天桥学艺

1932 年 8 月 11 日 12 时 30 分，手提小提琴盒子的聂耳，随着摩肩接踵的人流，走出北平火车站，乘一辆洋车，来到宣武门外校场头条 7 号的云南会馆，住在会馆 1 号房间。

到达北平的当晚，年轻好动的聂耳就和同乡游览了中山公园，晚上 10 点才回到云南会馆。自此一发不可收拾，20 多天里，他的脚步遍及北海、中南海、万牲园（今动物园）、香山……

聂耳不是来北平游览的，而是求学来了。到云南会馆的第 3 天，他就用破木板做了一个乐谱架，搁在箱子上面，放上琴谱，拉起了基础练习。小屋又黑又潮，蚊子很多，每天他的脸上、脖子上和手臂上，都有十来处蚊子叮咬的红痕。实在没有办法，他就到庭院的槐树下练琴。

9 月中旬，聂耳报考北平艺术学院音乐系。在"党义"试题中，他写了

---

① 刘岳，汉族，北京人。中共北京市委党史研究室、北京市地方志编纂委员会办公室巡视员。

《国难期中研究艺术的学生之责任》；在"国文试题"中，他写了《各自理想的精神之寄托》。充满抗日救亡思想的聂耳，他的答案自然不合国民党考官的胃口，结果名落孙山。

但聂耳没有灰心，他找到在北平的俄国著名提琴教授、曾经教过冼星海的托洛夫学习。由于聂耳实在负担不起高昂的学费，只上了四次课，就退学了。告别的时候，托洛夫惋惜地对聂耳说："你是一个顶聪明的孩子，你将来的提琴会拉得不错的。"

除学习小提琴外，聂耳还几次到天桥去听民间艺人的演唱，观看富连成班的演出。在天桥"充满了工人们、车夫、流氓无产阶级的汗臭"的环境中，聂耳聆听劳动者的心声。他从下层苦难艺人身上吸收营养，丰富自己的艺术积累。普通北平老百姓誓死不愿做亡国奴的呼声，深深地感染了聂耳，让他振奋，给他激情。

十字街头演出，宣传抗日救亡

在北平期间，经上海剧联的介绍，聂耳结识了北平许多左翼戏剧家和音乐家，积极参与北平左翼戏剧家联盟和左翼音乐家联盟的演出活动，宣传抗日救亡，成为北平剧联的活跃分子。

1932 年 10 月 28 日晚，聂耳与北平剧联的领导宋之的、于伶等人，参加清华大学毕业同学会为东北抗日义勇军募捐的演出。

清华大礼堂内，挤满了学生，气氛热烈，群情激昂。在老志诚的钢琴伴奏下，聂耳用小提琴拉起《国际歌》。《国际歌》的旋律，吓坏了晚会的主持人。他赶忙把聂耳拉回幕后，请他不要演奏这样的曲子。当聂耳重新回到舞台上时，《国际歌》雄浑有力的旋律又在礼堂中回响，所有的人都激动地站立起来，悲壮的乐曲冲出礼堂，飞向天穹。

在北平的十字街头，聂耳唱起曲调委婉的云南民歌。歌声使过往的行人停下了脚步，人越聚越多。这时，只见一个东北老大娘，衣衫褴褛，坐在地上呼天抢地地哭起来。边哭边控诉日本鬼子的罪行。哀怨凄惨的哭声，使在场的中国人怒火满腔。突然，一个身着长衫、留着小胡子的"汉奸"，追逐一个中国姑娘。观看的人们再也无法沉默,"打倒日本鬼子!""打倒汉奸"的口号声响成一片。原来,这是聂耳和剧联的同志们上演的街头活报剧。等到国民党警察闻讯赶来,大家一哄而散,又到下一个街头演出去了。

和北平剧联同志们一起战斗,使聂耳政治上进步很快,越来越成熟了。他向剧联领导于伶表达了加入中国共产党的愿望。北平剧联地下党组织认为:聂耳已基本具备了入党条件。但考虑到他在北平没有固定职业,将很快离开北平回到上海,就没有为他办理入党手续。

11月的北平,已是寒风呼啸、雪花纷飞,聂耳的寒衣还在上海的当铺里。11月6日,云南老乡为他凑齐了路费,聂耳依依不舍地告别了北平。

虽然聂耳在北平只住了3个多月,但他的生命经受了一次洗礼。他把"泛滥洋溢的热情与兴趣,汇注入巨流的界堤"。

上海:风云儿女创作不朽旋律

聂耳离开北平时,于伶让他带给上海剧联党组织三份材料:一是北平剧联一年来的工作报告;二是聂耳的入党申请及党组织的意见;三是聂耳在北平工作情况的介绍。

1933年年初,经田汉介绍,聂耳加入了中国共产党。

"电通"公司请田汉写一个电影剧本。田汉先交了个剧本梗概,"写在旧式十行红格纸上,十余页",名叫《凤凰的再生》。1935年2月,田汉不幸被国民党当局逮捕。"电通"公司为了尽快开拍,决定请人把田汉的文学剧本改写成电影文学剧本。征得田汉同意,影片改名《风云儿女》。

电影的主题歌《义勇军进行曲》,田汉就"写在稿纸最后一页",原来准备把主题歌写得比较长,因为没有时间,写完两节就丢下了,之后他就被捕了。

1935年4月,传来了国民党当局要逮捕聂耳的消息。党组织为了保护这个年轻有为的战士,批准让他先到日本暂避一个时期后,再去欧洲和苏联学习。

正准备去日本的聂耳,得知《风云儿女》有首主题歌要写,就主动要求把谱曲的任务交给他，表示到日本以后，歌谱稿会尽快寄回上海，决不会耽误影片的摄制。

聂耳很快就从日本寄回《义勇军进行曲》的歌谱，由贺绿汀请上海百代唱片公司乐曲指挥、苏联作曲家阿龙·阿甫夏洛莫夫配器，不久就在影片《风云儿女》中使用了。

不幸的是，《风云儿女》上映前后，1935 年 7 月 17 日，聂耳在日本藤泽市鹄沼海滨游泳时溺水身亡。他没有看到电影《风云儿女》，也没有听到合成后的《义勇军进行曲》。

一腔热血旋律激情传遍全球

随着电影的公映，《义勇军进行曲》很快传遍了全球。1936 年，被迫流亡国外的刘良模把这首歌带到了美国。著名黑人歌王保罗·罗伯逊最早在美国演唱了这首歌，并灌制了唱片，将它改名为《起来》。从此，《义勇军进行曲》也在国外唱响了。

陶行知先生在埃及金字塔下，听人唱起过这支令人热血沸腾的歌；梁思成先生在美国讲学时，也曾经看见过一个十来岁的美国孩子，边骑自行车边吹口哨，吹的就是《义勇军进行曲》。

聂耳的生命在 23 岁就画上了休止符。但是，他的生命又是永恒的，聂耳的生命已经融入《义勇军进行曲》的旋律中。

《义勇军进行曲》作为中华民族解放的号角，响彻华夏大地，激励着中国人民战胜日本侵略者，最后迎来了新中国的诞生。

聂耳"北漂"与《国歌》诞生

寸丽香[①]

在浩如烟海的中外歌曲中，聂耳与田汉分别作曲和作词的《义勇军进行曲》脱颖而出，于1949年9月27日全国政协第一届全体会议决议，暂定为《中华人民共和国国歌》；1982年12月4日，五届人大五次会议决议正式定名为《中华人民共和国国歌》。2004年3月，十届全国人大二次会议通过的《宪法》（修正案），正式赋予《义勇军进行曲》以宪法地位，正式成为新中国《国歌》。《中国共产党人格言宝典》（中国文史出版社）这样评价聂耳的作品："……聂耳创作的《义勇军进行曲》，不论过去、现在和将来，永远是中国的最强音，因为它的每一个音符，都是饱含着中华民族的血泪谱成的。……"每当《国歌》响起，人们都会被它那高亢激昂的曲调深深感染，歌曲反映了中华儿女和中华各民族为民族自由解放而前赴后继的英勇气概和风雨历程，为中华民族的繁荣富强而感到骄傲，获得一种刻骨铭心的激励和鞭策。建党百年之际，有必要重温滇籍"北漂"青年聂耳到上海、北京等地及创作《国歌》的艰辛。

滇游子"北漂"

1932年夏日的一天，北平宣武门外教场头条口，在一个被称为云南会馆的北京四合院里，不时传出云南花灯曲调，还有彝族、白族韵味十足的踏歌声与阵阵喝彩声，连见多识广的胡同大妈也被深深吸引。原来，这里迎来了聂

---

① 寸丽香，在过乡，从过军，求学滇鄂陕，曾驻蒙湘粤。落籍京，业余从事文化研究。

耳、陆万美、张天虚（张鹤）、高杰夫等多位滇籍热血青年。他们有的从日本归国，有的闯荡过上海、天津等地，在追求或探索着自己理想的人生道路。他们白天各忙各的，夜晚又陆续回院，相互走访，互相关照。据高杰夫回忆，他最喜欢聂耳那热情待人、活泼健谈的性格，他会常去聂耳屋里聊天。无论国事、家事、天下事，聂耳都能把它讲得淋漓尽致。累了，就拨弄一阵琴弦，让你也来个艺术享受。中秋前后的一天，他们相约到香山赏秋。他们约着同登香山，一览北国秋色。记得在攀山途中，曾发生了一件有趣的事：人们只顾走路，突然从林中传来一阵凄楚的哭声，大家驻足细听，又恰似我们云南人哭坟，而且是个妇女在哭，这个"女人"边哭边数落着云南人听惯了的腔调。一时间个个都懵了，你看看我，我瞅瞅你，猛然有谁发现聂耳不见了，这才恍然大悟："一定是俏皮的聂耳在鹦鹉学舌。"大伙随声追寻，发现果然是聂耳在模仿"小寡妇哭坟"。聂耳的这场"表演"在数十年后，仍让同乡们记忆犹新，大家佩服他的乐感才华和触景生情的能耐。闲暇时，高杰夫还听过聂耳用家乡的土话学玉溪跑堂倌的吆喝声，或者昆明腔调的叫卖小曲。你只要细听，仿佛置身于生意兴隆的玉溪小镇或昆明闹市。

那年入冬前的一天，有位朋友离开北京回云南，聂耳与几位同乡到前门火车站送行。聂耳平时待人一往情深，殷切炽热，但他的感情表达方式总是与众不同。这次送别时，火车就要起动了，聂耳不掉泪不挥手，就在大庭广众下，扭动起他灵活的身躯，翩然起舞，唱起家乡的花灯调，顿时让车外、车内的人们在阵阵欢笑声中阔别亲友，离开北平。

聂耳在北京期间，正值日本强占东三省后，从沦陷区到北平、天津的逃难同胞聚集在此。他在 1932 年 10 月 27 日的日记中写道："明晚，清华毕业同学会在清华礼堂开义勇军募捐游艺会，请我去帮忙音乐，有'剧联'的四五个剧本"。次日，聂耳非常忙碌，但仍如约参加在北京的义演活动。"早起跑到李健家，约他晚上到清华，要了二十几个子坐车练琴。决定演奏 Ligaspee 给的《第五变奏曲》。不论在洋车上、走道时，脑里都在回旋着 International（国际歌）的旋律，预备着晚上演出。五点半由中南海起身，西直门坐洋车去的，几个冷包子、干烧饼便算是混过晚饭。刚入礼堂将到开幕时间。即时奏完了事，可惜钢琴不能摆在台前，而且有重重的幕景，台下很听不见！遇清华的同乡们，全振环也在。所演出的剧以《战友》为差，其余《S.O.S》《一九三二年的月光曲》《乱钟》还不错……"

滇山云水滋润

1912年2月14日，聂耳出生于钟灵毓秀、人杰地灵，风光绮丽的云南昆明。父亲聂鸿仪是玉溪著名的老中医，母亲彭寂宽（傣族）不仅懂些医药知识，还能歌善舞，夫妻俩在昆明市甬道街"成春堂"行医。聂耳二姐、二哥、三哥和聂耳本人均在昆明出生。1916年7月16日，父亲病故时，聂耳仅4岁，是母亲边行医艰难谋生，边精心抚养他们弟兄几个，才为聂耳打下一个坚实的音乐实践基础。

父亲去世后，母亲与哥哥、姐姐带着聂耳艰难支撑家业。六岁时，已入昆明师范附属小学读书，取学名聂守信。在入学前已识汉字300多个。初小毕业的假期，母亲带领聂耳回玉溪探亲。1922年，聂耳入求实小学高年级读书。1924年，高小毕业。次年考入云南第一联合中学。1927年，春季初中毕业，假期中回玉溪复习功课，写下日记19篇。秋季考入省立第一师范学校。1928年，在省师加入共青团。当年第3次回玉溪，写下日记两篇。

聂耳从小就表现出了在音乐方面的浓厚兴趣和卓越才能。是滇山云水的神奇土地和他本人的勤奋好学成就了聂耳，还在学童时期就学会了笛子、二胡、三弦和月琴等多种乐器。聂耳经常与哥哥、姐姐及昆明市的老艺人一起演奏《梅花三弄》《苏武牧羊》《木兰从军》《昭君和亲》等乐曲，对中华各民族音乐和云南当地流行的花灯剧、滇剧、洞经音乐等都有浓厚兴趣，并经常参加演奏。昆明街头白族、彝族、傣族等民族兄弟或围着篝火，或举着火把跳舞的场景，都是聂耳撷取民族民间音乐的大好时机。还在云南省立一师上学时，聂耳就与师生共同组织了"九九音乐社"，谱写了校园歌曲《省师附小歌》等初期作品，还用小提琴为一些歌舞剧伴奏。还向法籍音乐家柏希文等旅昆外国音乐教师学习乐理知识和弹奏钢琴，经常参加省师戏剧研究会举办的游艺会，还在学校组织的《罗密欧与朱丽叶》演出中反串过女主角。聂耳以其天赋和勤奋，在云南纯朴民风民乐氛围和中学校园及在历史文化名城昆明的孕育中，已经为日后的发展奠定了一个坚实基础。聂耳是高级师范毕业，相当于现在的高中毕业，他从没有进专业的音乐学校学习，是自学成才的音乐家。他的处女作是在云南写成的《省师附小歌》，绝唱作品就是《义勇军进行曲》。他曾用云南玉溪花灯调《玉郎》改编创作成《一个女明星》，又用浣玉作为笔名发表文章，表明自己是玉溪人、云南人。

滇军生涯铸魂

聂耳在云南陆军讲武堂军乐声中长大。1928 年 11 月，聂耳离开昆明参加滇军范石生部。1928 年南昌起义后，朱德率领的起义部队在转移过程中曾受范部滇军掩护。此时，活动在湘南粤北的滇军队伍中，便有聂耳的身影。

鼓励有志青年学生参军，是共产党向国民党反动派争夺武装力量的重要策略之一。总结南昌起义的经验教训，年轻的共产党人懂得要实现"兵变"必须先"变兵"。后来经过各地党组织的多方努力，大批具有先进思想的青年学生先后入伍。20 年后，国民党部队的系列阵前起义、投诚和哗变，与当初共产党组织的这场潜移默化的"变兵运动"不无关系。

1928 年 11 月 28 日，聂耳所在部队的一些中下级军官和在云南招募的新兵们在昆明登上开往越南的米轨小火车。火车行走的是滇越铁路。到达越南海防后，官兵们又转乘轮渡经中国香港、到达广州，然后或步行，或乘车来到湖南郴州。这一路上，不论是在狭窄的米轨小火车中，还是在闷热难耐的船舱中，中下级旧军官们利用运送新兵之机特地将云南的鸡鸭等禽类搭载在车上，并与新兵们同车装运，使得初涉世事的聂耳和新兵们在难闻、难耐的车（船）狭小空间中与禽兽及其粪便共处了十多日，加上军官们的克扣军饷、减少食物和饮水供应、故意刁难甚至折磨等行为，一路上的虐待使得逃亡现象经常出现，于是枪口和棍棒又成为这批新兵的家常便饭。这一路行程使得聂耳对旧军队最黑暗、最腐朽的一面有了深刻的认识和最直接感受，也使得他在与其他云南同乡一起进行的反对虐待士兵、反对克扣军饷、反对草菅人命等斗争过程中，不禁为中国军队和军人的出路而忧心忡忡。这为他后来听到东北义勇军英勇对敌作战，并为其写出《义勇军进行曲》奠定了坚实基础。

到达湖南郴州进行几个月的新兵训练后，聂耳被分配到 137 团二营七连任文书，被授予上士军衔，他经过努力很快得到上司的信任和重用。1928 年 3 月 28 日，聂耳与团副阮守诚一起被派到广州执行任务。当他们到达广州时，正值大革命失败后的白色恐怖时期，因蒋系与桂系矛盾激化，中国共产党的活动又受到反动军阀的严重摧残。滇军范石生也因为与朱德等红军将领有联系及"追剿"红军不力等原因，与蒋介石的矛盾日益加深。范石生到广州以养病为名避祸，范部所属滇军很快被蒋控制。就在聂耳到达广州次日，被告知原部队解散，只在广州领取到 75 元遣散费后自谋出路。然而，聂耳舍不得他一路上同甘共苦的战友，用遣散费花两天时间到部队营地，只见人去楼空，部队已开拔，自己的军旅生涯就此结束。

从郴州军队营地归来，聂耳几乎陷于绝境，又无颜面见家乡父老，只好回到广州，暂住云南会馆。然而，生存的压力又重重地压他那才有 16 岁的少年稚嫩肩上。他便到黄埔码头当起装卸工，这一时期的经历，使得年少的他早早地深入接触到了生活在社会最底层的码头工人，为他日后创作反映码头工人心声的作品奠定了基础。然而，在广州当装卸工所挣的钱还是不足以维持其生活、学习和热爱音乐的需求。家乡云南仍以一种巨大的魔力吸引着他回去，只是苦于手中没钱回乡。好在那位曾与他同行的副团长阮守诚看在云南同乡的份上，特意到云南会馆找到聂耳，并为他买了回云南的车票，这样，聂耳才得以回到云南。

回到云南后，在其二哥聂叙伦、云南省立一师校长杨天理等人帮助下，聂耳回省立一师学习，但始终没忘记已是共青团员，他很快又投入到新的工作之中。不久，昆明翠湖周围人口十分密集的青云街、北门街发生了一场因运送火药引发的大火灾。史称"七·一一"事件，炸毁民房数千间，死伤上万人。在云南地下党组织和共青团的领导下，各校纷纷成立了"七·一一青年救济团"来救济灾民，聂耳也积极投身此次活动中，并成为省一师救济团的负责人，然而当局不仅无视被炸群众的损失，还乘机捕杀进步青年学生，聂耳也因活动积极而名列其中，被列为"黑名单"，随时都有被捕的危险。为保护革命力量，经研究决定，组织上强行让聂耳回到故乡玉溪暂避。1930 年，他和旅昆校友到玉溪宣传演出。但是，玉溪也已经不再安全，恰在此时他也已经从省立一师毕业，便沿着他当年从军时走的所走路线，经越南海防，到香港后又辗转到上海在云南人经营的小商号"云丰申庄"中当小伙计。开始其"上漂"生活。

"上漂""北漂""海漂"

聂耳到达上海，世界巨富、大土豪、地主、恶霸、老爷、小姐、太太等达官显贵在十里洋场应有尽有，各种糜烂生活充斥于市。凭着音乐天赋，聂耳完全可以创作靡靡之音，跻身上流社会，但他却把目光转向劳苦大众，转向芸芸众生，真正服务于人民大众。

1930 年 11 月，聂耳在上海加入"反帝大同盟"。1931 年 3 月，任明月歌剧社小提琴手，师从普杜什卡，接受严格的小提琴训练，还自修钢琴、和声学、作曲法等。1932 年 4 月，他认识了左翼剧作家兼诗人田汉，建立了与左翼文艺界的联系，进一步坚定了走革命音乐道路的信心。和田汉的友谊与合作，对聂耳的艺术成就产生了深刻的影响。1932 年 8 月，他离开"明月歌剧社"前往北平，积极参与北平左翼戏剧家联盟和左翼音乐家联盟的演出活动和组织建设，并师从外籍教师托诺夫继续学习小提琴。11 月重返上海。进联华影业公司一厂工作。其间创作了《进行曲》《圆舞曲》《大伦之爱》。1933 年，仍在联华工作，经田汉和赵铭彝同志介绍加入中国共产党。次年 1 月被联华公司辞退，4~11 月在百代唱片公司工作。创作了《开矿歌》《饥寒交迫之歌》《卖报歌》《翠湖春晓》《金蛇狂舞》《昭君和番》《打砖歌》《打桩歌》《码头工人》《苦力歌》《毕业歌》《山国情侣》《大路歌》《开路先锋》《飞花歌》《新女性》等歌曲。

聂耳的作品，绝大多数反映的是人们生活中最真实、最朴素、最富有生活气息的一面。他身边接触的是同样在上海打工的云南籍劳工、每天路遇的当街报童，工友接触的歌舞女郎等。他用自己最真、最善、最实的心为他们歌唱，抒发他们的情感，发泄他们的不满，控诉他们的不公，不愧为伟大的人民音乐家，聂耳也是中华民族和中国共产党的骄傲。

1935 年 1~4 月在联华二厂工作，4 月 16 日到日本考察学习，计划以后去欧洲和苏联学习音乐。7 月 17 日在日本藤泽市鹄沼海滨游泳时不幸遇难。在其生命的最后一年中，聂耳还积极努力，创作了《告别南洋》《春回来了》《慰劳歌》《梅娘曲》《逃亡曲》《塞外村女》《打长江》《采菱歌》《铁蹄下的歌女》《义勇军进行曲》《省师附中歌》《伤兵歌》《白雪歌》《春日瑶》《采茶歌》《茶山情歌》等歌曲。

《义勇军进行曲》，不论过去、现在和将来，永远是中国的最强音。因为它的每一个音符，都是由饱含着中华民族的血泪谱成的。日益严重的白色恐怖迫使他决定出国，拟经日本前往苏联学习。他于 4 月 18 日抵东京。在日本，聂耳考察了日本音乐、戏剧、电影等方面的动态，向日本文艺界介绍了中国音乐的新发展，并加紧学习外语和音乐。7 月 17 日，在藤泽市鹄沼海滨游泳时，不幸溺水身亡，年仅 23 岁。

遇难不久，其兄聂叙伦 1938 年从上海接回由郑子平、张天虚带回的骨灰，葬于昆明西山华亭寺右侧的松柏间，并设置聂耳陈列室。后经迁葬、重修，现为全国重点文物保护单位。

在日寇铁蹄入侵、国土沦陷的危急关头，聂耳以"敢为天下先"的过人品质与洞察力，赶赴北京的短短数月，是他短暂一生中弥足珍贵的精彩时刻，却奠定了他创作《义勇军进行曲》的基础和元素，也让《国歌》作者与北京这座文化古都紧紧相连，他在此酝酿，后在上海、日本完成的作品，发出中国人民的最强烈呼声，《中华人民共和国国歌》至今在全球无数遍奏响，聂耳英名也随祖国及人民永存。

媒体报道篇

聂耳日记里的军旅情结 ①

寸丽香

2月14日是"国歌之父"聂耳诞辰纪念日。创作了《义勇军进行曲》(《国歌》)的聂耳,有着浓厚的军事情愫:他幼时欲入云南陆军讲武堂从军,长大后随滇军征战,在上海亲历"一·二八"抗战,在北平为东北义勇军筹款义演,创作《伤兵歌》及自己从军的传记等。以聂耳日记为线索,我们可以近窥聂耳的军旅生涯。

少年军旅梦,懵懂记军情

祖籍云南玉溪的聂耳,于辛亥革命发生的次年(1912年)在昆明出生,他从小就喜欢军事。他在1930年9月19日的日记中,回忆儿时听母亲讲云南辛亥情景时写道:

"先在东边放一枪,然后西边又放一枪。继续着两枪、三枪……天哪!炒豆般的枪声响得实在怕人!我忙把窗户关起,抱起你三哥跑下楼来接……桌子底下有个面盆里还飞来一颗枪子哩!"妈妈富有表情地把一件惊人的故事原原本本地和我们说过,我们喜欢得跳起来。然后她把我们抱到怀里,两手紧紧围住我:"我的乖乖,枪是最可怕的啊!"这是我未满六岁的时候,听到妈妈讲这样有趣的一个(重九起义中)"反正"的故事,当时觉着太可怕,然而又非常爱听。而且为了要把这故事深深印入脑海,曾无数次地求过妈妈再讲,还为此哭过几次。

---

① 原载于《中国民族报》,2012年2月17日,纪念聂耳百周年诞辰征文。

可见，聂耳 6 岁时就对军事很感兴趣。在其所谓"年谱"中，也提及对军队的向往：

初小毕业，当时各校成立童子军，我也是被提拔之一。据杨先生不客气地说话："你们在童子军里面，不但升高级没有什么问题，并且一定是入本校的。"我听了这话，当然高兴得不得了……可是能不能入童子军却又是问题，因为童子军是要穿着多么好的洋衣服，短裤子，头上戴着宽边帽，手里拿着长棒棒，腰上还要挂一把小刀，一圈绳子。

最终，聂耳未能如愿。电影《聂耳》中，聂耳入童子军、演奏军乐的情节虽属虚构，却也并非空穴来风。

聂耳 15 岁时，就爱关注军国大事。他在写于 1927 年 6 月的日记中，记述了滇军因欠饷内乱，滇督唐继尧反击告败后，龙云、胡若愚争夺云南统治大权的景象，还对旧军队拉伕、扰民欺良等恶行进行了生动刻画。

依依故乡情，漫漫从军路

1928 年 11 月 3 日，聂耳瞒着家人入伍，成为国民革命军第 16 军的一名新兵，踏上从军之路。他在日记中说："这桩事（当兵）除了象涟知道，我没有告诉别的任何人。"按云南人"穷家富路"的习惯，聂耳从好友处借了点儿钱带在身边。上路前，聂耳还留下一首"很简洁而能触动我的情感的诗"放入信封，并在信封上写道："这是临别时的敬礼，敬献给我亲爱的宁信弟永存。"

聂耳的军旅生涯仅半年，但道路却异常坎坷。他们的部队从昆明经阿迷（蒙自）、河口后出国境到达越南老街，再乘船经香港到达广东。到越南后，他们上了一艘名为"顺康"的大轮船。这艘船的状况极差。聂耳在日记中写道：

店主就把我们招呼在船板上，我们以为给我们休息一会，后来才知道这里就是我们的睡处了。大家听到这话都是很不高兴，咒骂着，可是有什么办法呢？虽然是一个非常污浊的地点，忍气吞声地还是住下了。四十多个人通通睡在这船板上。这天（12 月 4 日）晚上真是挤得要命，外面吹着冷风，里面在出大汗。一个晚上那鸡的声音、猴子的声音和安南舟子的吼声叫个不休，呼得一夜不能安眠。

随着他们在海上的航行，更大的海浪和更加剧烈的颠簸让这批新兵几乎吃不消。更为糟糕的是，他们吃得更差，上顿、下顿都是稀粥，大家身体更虚弱。船上，战友的呕吐物与体臭、粪便味混合在一起，令人难以忍受。有的战友甚至因生病或不适而被扔入大海，葬身鱼腹。

就这样，聂耳所在的这队新兵就如同被贩运的牲口一般，在海上航行几天后，于 12 月 7 日到达香港海域。聂耳本希望在香港停留，购支钢笔，再拜见其思想先导者、大光报社总编辑黄天石先生，但因运兵船上的新兵不准登岸，他的愿望也化成泡影。

悲苦旧军营，发奋拓新途

1928 年 12 月 8 日，聂耳一行终于到达广东，次日前往韶关。此后几天，聂耳在粤北山区艰难行进，又逢阴冷潮湿的季节，这对于来自春城昆明的聂耳来说很难适应，他连续几天的日记内容都是"又是天阴、多雨、寒冷的一天"，外无其他内容，说明他此时的心情也与天气一样糟透了。

对于新兵生活待遇，他在 12 月 15 日的日记中记述："也是多雨而寒冷的阴天。到下看见新兵之惨状，见熟人之眼泪。吃罢晚饭，稻草三把灰毯一床。"关于军装和配备，他说："早晨发给军帽、油衣、皮带、绑腿。今日见一小点日光，找虱子成为普遍现象。"12 月 19 日，他又记述："今早实行操洋操，天未明即起床，气候严寒，特别操的慢步。平常事，抢饭的本事不佳，只有饿饭。"

对于新兵的日常生活，聂耳在日记中一一做了记录。12 月 22 日，他的新兵生活发生了变化。他在日记中说，这一天晚上认识了玉溪同乡毛本芳、张树义。大家都对新兵营的生活十分失望，因而计划逃营。几经周折，12 月 26 日，聂耳前往第 16 军在湖南的驻地。他在 1929 年 1 月 4 日的日记中写道：

我已知道我的事业，我的希望，都同冬日的积雪遇到日光消融了。夏日的游丝，遇到罡风飘逝了。

1 月 23 日，部队的一位长官命两个勤务兵请聂耳去弄乐器。1 月 26 日，聂耳说：

今天我到便所里去，经过士兵的讲堂，在黑板上发现几个字，使我大为感动："鸦会反哺羊跪乳，犬能守贼报主人。父母养我几十春，不知何日报恩情。"

1月31日，他又说：

多雨的湖南，伴着我流泪；卑湿的湖南，伴着我忧郁。异乡做客原是不堪忍耐的，况且又是在这种卑污下贱的生活里——录事——更是不可多日逗留的。我时常这样想：看花的时光，故乡总比客地好看，比客地来得赏心。

此时，聂耳对旧军队已极其厌恶，但他并没消沉，而是继续寻找出路。他在2月17日的日记中写道："我的希望是水中月，我的事业是镜中花。"好在此时距其结束军旅生涯已不远了。4月初，聂耳所在部队因军长范石生执行蒋介石"剿共"命令不力而被解散，聂耳也就此结束了为期半年的军旅生涯。

4月13日，聂耳与一战友迁入广州戏剧研究所附设的剧校暂住一夜，第二天迁入旅馆。就是在广州期间，聂耳受到了马克思主义影响，他还在日记中摘录了马克思主义诸多观点，比如：

"阶级斗争：马克思说，阶级斗争是社会进化的原因。

要有阶级斗争，社会有进化，阶级斗争是社会进化的原动力。"

战火励志坚，日记蕴军情

半年军旅生涯，聂耳大多是在车上、船上或训练中度过的，没上过战场与敌厮杀，而他真正面临战火考验却是在日寇铁蹄蹂躏下的上海。他亲历了上海"一·二八"抗战，并在1932年2月4日的日记中写道：

"大炮给我祝寿辰。自清晨五时响起，到下午四五点钟还没停止，吴淞、闸北有激战，日舰被击沉一艘，飞机被击落一架，焚毁民房很多。"

他以日记记录了十九路军的抗战故事。他在1月28日的日记中写道：

原来，昨晚十一时半起中日军在闸北开火，北站、天通庵、横滨桥等处巷战，直延至今晨才算稍见缓和。日军想占闸北，未成，仍占领北四川路一带的日人区域。到天亮自靶子路以下都被日军布防。飞机在闸北掷炸弹，宝山路民房起火，日人不许救火……

和日军抵抗的华军是十九路军蔡廷锴的,他们曾几次被调遣赴湘赣"剿共",但他们死守上海。现在有这样的机会,当然只有和倭鬼干一干,要比打自己的弟兄好得多,也是他们唯一的出路。

这一年,聂耳北上到达北平,为东北义勇军募集资金。1932年10月27日,他写道:"明晚清华毕业同学会在清华礼堂开义勇军募捐游艺会,请我去帮忙音乐,有剧联的四五个剧本。"

第二天,聂耳非常忙碌,但仍如约参加义演活动。他记录道:

早起跑到李健家,约他晚上到清华,要了二十几个子坐车到中南海找老老练琴……不论在洋车上、走道时,脑里都在回旋着 *International*(国际歌)的旋律,预备着晚上 solo。五点半由中南海起身,西直门坐洋车去的,几个冷包子、干烧饼便算是混过晚饭……所演出的剧以《战友》为差,其余《S.O.S》《一九三二年的月光曲》《乱钟》还不错。

这段日记可作为聂耳离开军队但军旅情结仍然浓厚之证据。

聂耳还在日记中描述了观看《西线无战事》等军事电影的感受:

《西线无战事》这部有声片技巧上和表现上着实比别的伟大,对于观众的情绪上也要比别的来得紧张,容易动人。但是各人看后所遗留的印象也不过是枪声、炮声、冲锋的狂吼、血肉的搏战。总之观者得到的归结最大限度知道士兵是痛苦的,士兵的死如杀鸡一样的容易,战争是万恶、残酷的,别的再感觉不到什么反应。至于它的煽动性就微极了。浚梅君的《雷马克与西线无战事》指示出这部东西的价值和雷马克所没有找出的出路,这是必要的。因为每一个观者或读者未必都能精细地想想:兵士的痛苦是从何而来?将怎样解除?万恶的、残酷的战争将怎样反对和消灭?

聂耳在北平见到日寇的丑行后,更激起他创作军事题材作品的热情,他还拟出了具体写作计划。

后来,聂耳因其抗日行为遭到反动势力迫害,不得不服从组织安排撤退。在日期间,聂耳不幸遇难,许多计划好的作品未能面世,其中也包括具有自传性质的小说《兵》。

北京云南会馆与聂耳 ①

刘　岳　李书文

　　"起来！不愿做奴隶的人们，把我们的血肉筑成我们新的长城……"这激昂的旋律，让每个中国人热血沸腾。您知道吗？《国歌》的曲作者聂耳，与宣外校场头条 3 号（今 7 号）的云南会馆还有一段历史渊源呢。

　　云南会馆始建于明崇祯元年（1628），当时的位置在朝内北小街。清代实行满汉分城居住，会馆就迁到了校场头条。清乾隆年间，熊郅宣、蒋文祚捐资扩建，成为接待云南应试学子之地。后来又新建了老馆、新馆、南馆、北馆、理化会馆、云征会馆、景中祠馆，现在的云南会馆就是北馆。

　　云南会馆当年可是个风云际会的地方。当维新风潮席卷京师的时候，康有为的变法名言"变则能全，不变则亡，全变则强，小变仍亡"，挂在会馆显要位置。"五四运动"后，会馆曾住过王德三、王复生、王孝达等革命先驱。1926 年"三一八惨案"中殉难的范士融、姚宗贤两位烈士，他们的纪念碑也耸立在会馆院子中央。不过，在云南会馆中住过的人，最有名的恐怕就是人民音乐家聂耳了。

　　1932 年 8 月 11 日中午时分，身穿西装、手提小提琴盒子的聂耳，随着摩肩接踵的人流，走出前门火车站，乘一辆洋车来到了云南会馆。9 月中旬，聂耳报考北平艺术学院音乐系。在"党义"试题中，他写了《国难期中研究艺术的学生之责任》；在"国文"试题中，他写了《各自理想的精神之寄托》。满怀抗日爱国思想的聂耳，他的答卷自然不合国民党考官的胃口，因此名落

孙山。

但聂耳没有灰心，他找到当时在北平的苏联著名小提琴教授、曾经教过冼星海的托洛夫学习。由于付不起高昂的学费，聂耳只上了四次课就退学了。告别的时候，托洛夫惋惜地对聂耳说："你是一个顶聪明的孩子，你将来的提琴会拉得不错的。"

除学习小提琴外，聂耳还几次到天桥，去听民间艺人演唱，看富连成班的演出。聆听着劳动者的心声，聂耳从下层苦难艺人身上吸收营养，丰富自己的艺术积累。北平普通百姓抗日救亡的呼声，也深深地感染了聂耳，让他振奋，给他激情。

在北平期间，经上海剧联的介绍，聂耳结识了许多左翼戏剧家和音乐家，积极参与北平左翼戏剧家联盟和左翼音乐家联盟的演出活动，宣传抗日救亡，成了北平剧联的活跃分子。

和北平剧联同志们一起战斗，使聂耳政治上进步很快，越来越成熟。他向剧联领导于伶表达了加入中国共产党的愿望。北平剧联党组织认为：聂耳已基本具备了入党条件。但考虑到他在北平没有固定职业，将很快离开北平回上海，就没有为他办理入党手续。

11月6日，云南老乡凑齐了路费，聂耳依依不舍地告别了北平。聂耳离开北平时，于伶让他带给上海剧联党组织三份材料：一是北平剧联一年来的工作报告，二是聂耳的入党申请及党组织的意见，三是聂耳在北平工作情况的介绍。虽然聂耳只在北平生活了三个多月，但他的生命经受了一次洗礼，他把"泛滥洋溢的热情与兴趣，汇注入巨流的界堤"。1933年年初，经田汉介绍，聂耳在上海加入中国共产党。

1935年，上海电通公司请田汉写个电影剧本《凤凰的再生》。田汉先交了个剧本梗概，"写在旧式十行红格纸上，约十余页"。同年2月，田汉被国民党当局逮捕。为了尽快开拍，电通公司请人把田汉的文学剧本改写成电影文学剧本，征得田汉同意，影片改名《风云儿女》。4月，又传来国民党当局要逮捕聂耳的消息。为了保护这个年轻有为的战士，地下党组织安排他先到日本暂避，然后再去欧洲和苏联学习。

聂耳得知《风云儿女》有首主题歌要写，主动请缨，并很快从日本寄回

聂耳在北京

《义勇军进行曲》歌谱，贺绿汀请上海百代唱片公司乐曲指挥、苏联作曲家阿龙·阿甫夏洛莫夫配器。

　　不幸的是，1935 年 7 月 17 日，聂耳在日本藤泽市鹄沼海滨游泳时不幸溺水身亡。他没有看到《风云儿女》，也没有听到合成后的《义勇军进行曲》。聂耳的一生在 23 岁时就画上了句号，但是他的生命已经融入到《义勇军进行曲》的旋律中。

聂耳谱出中国最强音[①]

徐 焰[②]

聂耳碑文（郭沫若题）：

聂耳同志，中国革命之号角，人民解放之声鼛鼓也。其所谱《义勇军进行曲》，已被选为代用《国歌》。闻其声者，莫不油然而兴爱国之思，庄然而宏志士之气，毅然而同趣于共同之鹄的。聂耳同志，中国共产党党员也。

聂耳，是每个中国人都熟悉的名字，雄壮的《中华人民共和国国歌》的乐曲就谱自于这位天才音乐家之手。郭沫若曾赞誉他是"中国革命之号角"。聂耳23岁短暂生命中留下的乐章，奏响了中华民族解放的最强音，激励着一代代国人"前进！前进！前进！进！"

生平

只有23岁的短暂生命，却做过学生、士兵、店员、演员。

到上海后，他为生活所迫去烟店当店员；19岁才正式开始艺术生活。因耳朵非常敏锐，别人起了个绰号叫"耳朵先生"，他索性改名聂耳。

吹响抗日号角的音乐家不幸死于敌国，郭沫若认为致溺原因不明。

聂耳，原名聂守信，号子义，1912年出生于云南昆明市，祖籍玉溪县。父

---

① 原载于《北京青年报》，2001-06-08。

② 徐焰，国防大学战略教研部教授，少将军衔，军事史专家，军事学硕士，博士生导师。国防大学军事历史学科带头人。中国军事科学学会历史分会副秘书长，曾任清华大学等学校兼职教授。

亲是个中医。他 4 岁丧父后，母亲靠艰难地经营药铺和帮人做针线养活全家。

童年时的聂耳，受到云南丰富而又优美的民间音乐和戏曲的熏陶。喜爱唱民歌的母亲是他最早的音乐启蒙教师。他 10 岁时从邻居那里学会了吹笛子，后又学了拉二胡、弹三弦和月琴，且参加了学生音乐团，并担任指挥。1927年，他考入省立第一师范学校。在校期间，他受到五卅运动和大革命风潮影响，读到一些介绍马克思主义的杂志。

在革命处于低潮的 1928 年秋，他加入了共青团，并参加了秘密印刷和散发传单等工作。1930 年春，中共云南省委遭受严重破坏，聂耳得知有叛徒供出他参加共青团的情况，马上去了上海。

刚进入上海的聂耳，为生活所迫去云庄当店员。翌年，烟店倒闭，他一度徘徊街头，后考入明月歌剧社，自 19 岁起正式开始了专业艺术生活。

聂耳进入歌剧社后，便遇到了 1931 年“九一八”事变和翌年初的“一·二八”事变。他积极参加救亡运动，并与作家田汉结识。1932 年夏，他到北平投考艺术学院未被录取，找工作无着，返回上海。1933 年年初，经田汉介绍，聂耳秘密加入共产党。此后，聂耳在影业公司和唱片公司谱曲，并经常登台演出，谱出的许多歌曲传唱于全中国，并驰名海外。

1935 年 4 月初，党组织得知聂耳有被国民党逮捕的危险，且考虑到他有去国外学习的愿望，于是通知他先去日本，再从那里转道去苏联。聂耳于 4 月中旬东渡后，受到中国留学生的热烈欢迎，日本一些进步文化人士如秋田雨雀、滨田实弘等也邀请他参观剧团，进行交流。聂耳是抗日斗争的鼓动者，但对日本文化有浓厚兴趣，此前也学过日语，于是计划停留一年。此间，他最后完成了《义勇军进行曲》，把乐谱寄回国内，并在留学生聚会上演唱。同年 7 月，聂耳于暑假期间赴藤泽市的鹄沼海滨，住在日本友人家中，一面练琴一面天天游泳。7 月 17 日，他不幸在海中溺亡。郭沫若于 1954 年在为他题词时感慨说：“不幸死于敌国，为憾至极，其何以致溺之由，至今犹未能明焉。”

聂耳尸体火化后，被生前好友送回国，归葬于家乡昆明西山，解放后修建了陵墓。日本的友好团体，也在他遇难的藤泽市海滨建立了纪念碑。他去世的那个月，电影《风云儿女》上映，并奏出了《义勇军进行曲》，后来成为中国人所吟唱的最强音。

背景

他是天才的音乐家，又是革命者。恰恰因为后者，才能出现前者辉煌。

"文以载道，诗以言志，乐乃心声"。聂耳本人乃至他那些高昂激越的不朽作品，都是那个特定的民族危亡时代所造就。那些铿锵有力的音符，也都是当时环境下人民的心声。

日本侵华和国内抗日群众运动的风雨，在他心中激起澎湃的心潮，音乐与革命从此结合到一起。1932 年，上海 "一·二八" 事变爆发的十天后，即 2 月 7 日，在外面隆隆炮声可闻、难民在街上到处流离、奔走、哭喊的环境中，聂耳在日记中首次提出 "怎样去做革命的音乐"。聂耳是一个天才的音乐家，又是一个革命者，而且恰恰因为后者，才能出现前者的辉煌。他的一系列作品，特别是《义勇军进行曲》，正是共产党领导的人民革命的产物。

《义勇军进行曲》在银幕上首次响起时，不幸正逢聂耳去世，但这支歌作为民族革命的号角响彻了中华大地，还享誉全球。在反法西斯战争中，英、美、印等许多国家电台经常播放此歌。战争结束前夕，美国国务院还批准将其列入《盟军胜利凯旋之歌》中。

中华人民共和国成立前夕征集《国歌》时，周恩来就提出用这首歌，并在新政协会上一致通过。在 1949 年的开国大典和此后每年的国庆节，聂耳谱出的乐章都雄壮地奏响，这足以告慰亡逝于异国的英灵。

故事

聂耳音乐创作生涯不长，却创作出许多影响深远的歌曲。

聂耳的音乐创作生涯虽然只有 1933 年至 1935 年这短短的两年，却创作出《大路歌》《码头工人歌》《开路先锋》《新的女性》《毕业歌》《卖报歌》《铁蹄下的歌女》等几十年来一直脍炙人口的歌曲。这些辉煌成就的取得，除了他个人的天才之外，最主要的是他深入社会生活的最底层。他在 1933 年 6 月 3 日的日记中总结说："音乐与其他艺术、诗、小说、戏剧一样，它是代替大众在呐喊，大众必然会要求音乐新的内容和演奏，并要求作曲家的新态度。"

从小家境贫寒的聂耳对劳苦大众有深厚的感情，鄙视那些钻在"象牙之塔"中的孤芳自赏和为少数人服务的"阳春白雪"。他在北平时穷得买不起棉衣，却在秋末深入到贫民区天桥等地，用有限的几个钱来收集北方民间音乐素材，并在"充满了工人们、车夫、流氓无产阶级的汗臭"环境中聆听卖嗓子、卖武功的吼声，从中知道了他们"生命的挣扎"的心曲。在上海，他经常踏着晨霜夜露体验女工上班的辛苦，从而创作出《新女性》。聂耳还与小报童交上了朋友，天天问寒问暖，那首著名的《卖报歌》正是在这种环境下吟诵出来的。

聂耳没有像样的创作条件，到上海一年后经过苦苦积攒，才买到一把多年梦寐以求的廉价小提琴。他居住的斗室冬冷夏热，到北京一次连续登台演出四天仅得 6 元钱报酬。这不仅使他从心底更憎恨资本家老板剥削的冷酷，其作品也不断呼喊出人民要求解放的心声。

田汉在香烟包装纸上匆匆写下《义勇军进行曲》，聂耳于国内定下初稿，最后谱成于敌国境内。

20 世纪 30 年代中期，日寇侵占东北后又把铁蹄伸向华北，国内的反动腐朽势力却仍沉溺于纸醉金迷中。社会上充斥着"桃花江""毛毛雨""妹妹我爱你"一类萎靡丧志的淫歌艳曲。共产党员作家田汉找到聂耳，认为如此"唱靡靡之音，长此下去，人们会成为亡国奴"。二人就此议定，要创作一首歌，来战胜"桃花江是美人窝"。二人研究了《国际歌》《马赛曲》《船夫曲》，认为很有气势，可以借鉴。1935 年年初，田汉改编了电影《风云儿女》，并写了一首主题歌——《义勇军进行曲》。由于发现国民党特务已来追捕，他仓促间在一张小小的香烟包装纸上写下歌词，就被抓进监狱。

夏衍拿到田汉留下的剧本，在里面发现了那张写着歌词的香烟衬纸。不久，聂耳来找夏衍，听说此事后，主动提出："作曲交给我，我干！"聂耳根据同田汉一起提出的构想，带着满腔激愤，只用两天时间便谱写了初稿，随即因躲避追捕到了日本。在那里，他一方面受到友好人士的热情接待，一方面也看到军国主义分子大肆鼓噪"扩大在支（那）利益"，并磨刀霍霍。聂耳由此更激发了创作灵感，迅速将歌曲定稿寄回国，其旋律更加高昂雄壮。

回忆篇

聂耳在北平

陆万美[①]

聂耳同志 1932 年 8 月到北平，这是他战斗生活史上又一次重要的转折。

从上海明月歌舞团职业艺术家的生活被"排挤"出来，一下突然转到火热的民族解放斗争前线的北平，进入北平云南会馆的一大批同乡朋友复杂混乱的生活圈，后两月又积极参加了北平左翼的戏剧、音乐活动。这对他是一种重要的锻炼、鼓舞，也是一种新的充实和前进。正如他以后回到上海时写给于伶同志的一封信上所说："是把我泛滥洋溢的热情与兴趣汇注入正流的界堤。"

的确，这热烈多变的短短三个月，对于他 1933 年以后光辉的新音乐活动和革命歌曲创作，在思想、政治上，艺术激情上进一步打下了更坚实的基础。

去年（1979 年），北京的同志[②]专程来昆明搜集有关聂耳同志各方面的历史资料，也找到我，并把中国音乐研究所编印的聂耳日记给我看了。在北平的一段日记，本来就记得很简单隐晦，不大容易了解他思想、政治活动的真实情况；有的还被他自己涂抹了一些字句或者把极重要的几次活动的情况给完全撕去了。为了帮助对聂耳进行研究的同志提供一些历史的真实情况，他们要我写一点回忆资料，我觉得无论从哪方面说，都是应该的，必要的。

聂耳同志来到北平，一直住在宣武门外校场头条三号，云南会馆的第一号房间里。这时，我恰巧住在二号房间。正因此，我对他当时的生活、社会活动以至思想状况了解得比较具体。特别对后一段他参加北平左翼戏剧、音乐活动

---

① 见本书 26 页注释①。
② 中国艺术研究院音乐研究所向延生。

的情况也有一些了解。因我当时恰好在北平文总①，常委分工是和剧联、乐联进行联系工作的。最近，我翻阅了大量的文字材料和访问了一些当时有关的同志，认真地相互启发、进行回忆，力图把一些尽可能记住的、日记上不好写或被涂抹、撕去的事实记下来。

聂耳同志是 1932 年 8 月 11 日到达北平的。他在第二天的日记上，开头就写了一句："脑痛，日记改做账簿式。"这句话并不能只简单地从字面上理解。他突然要做这样的改变，是有深刻意义的。他是碰上了一种新的严重情况的冲击，经过考虑，才决定这样改变。这究竟为的什么呢？

这一天的日记，原来还有两小段，在音乐研究所编印的日记里被删去了。特别最后有一句："晚，马匡国②请客到青云阁③听大鼓、杂耍。"这件事绝不是一作普通的事，马这个人也绝不是一个平常人物，这是一个心毒手辣的特务骨干分子，在昆明曾亲手带领一批侦缉队逮捕过许多革命同志。1930 年 7 月在昆明准备要逮捕聂耳等人的黑名单，就是他参加确定的，那时，他是国民党省党部的"肃反委员会"的重要成员，具体职务是侦缉队队长。幸而聂耳在前一天得到进步亲友的通知而逃避开了，以后就想尽各种办法，去当职员，改变身份，得到掩护，才离开昆明到上海。两年多以后，这个特务重新在北平见到聂耳，他心里当然有他的鬼想法，聂耳和很多同志对他也是深有了解的。

特务马匡国血债累累，作恶多端，1952 年已被云南省军管会镇压了。他在 1932 年夏，突然从云南跑到北平去，实际是负有特殊任务的。此人 1926 年前后到过北平，整天闲游浪荡，并未正式投考学校。他善于投机取巧，还曾一度混进当时秘密的革命组织 C·Y（社会主义青年团）；但很快他就赶到南京，投入国民党办的中央政治学校第一期。1927 年毕业后就被派回云南担任侦缉队长，专门从事侦察、破坏革命组织，逮捕、拷打革命同志的罪恶勾当。他是

---

① 1932 年 5 月，北平各左翼文化团体联合召开代表大会，成立了北平文化总同盟。

② 马匡国（1907—1952），字佑生，昆明宜良人，1932 年毕业于云南陆军讲武堂第 21 期，中央党务学校毕业，曾授昆明市党部少校军衔。

③ 北京青云阁酒店，位于北京市西城区大栅栏西街 33 号，至今尚存。

国民党反动头目裴存藩①的得力走狗，正干得起劲儿受到重用的时候，为什么一下竟自跑到北平呢？他口头放的空气是"要投考大学深造"。但按他的经历和年龄（那时他已三十四五岁），大家都绝不会受他欺骗，相信他的鬼话。当时我们一批二十来岁的同志分析，大体有两种可能：一是他们特务系统内发生了派系间的狗咬狗的矛盾，把他排挤出来，他暂时跑到北平，进个野鸡大学，混个资格，待时机再说；其次，他是带了专门了解云南学生的情况（当时我们编印、发行回省的《云南学会会刊》，有些文章是宣传革命思想，揭露了云南军阀、国民党的反动统治），来配合北平的国民党市党部，进行侦察、破坏活动。以上两种可能，按以后马匡国在云南学生中的一系列活动和他与国民党北平市党部以及后来的宪兵三团的密切联系，最近和几个熟识的朋友交换意见，一致都肯定：他的主要目的是后一种。

马匡国在聂耳到后第二天就邀请他听大鼓，以后在日记中又看到曾先后两次请聂耳吃牛肉或羊肉（日记内后改称"马三哥"），10月6日的日记上，聂耳还愤愤地写了一句"当然有这尾巴狗"。对此，聂耳不能不十分警惕，与之慎重地周旋、应付，记日记的方式也决定改变，以后他的整个生活方式，待人接物，都不能不受到这一险恶政治情况的影响。但他在原则性问题上，却是态度鲜明的。他们要拉他演旧剧《法门寺》，他立刻坚决拒绝。一次他们搞突然袭击，在全体同乡的年会上要操纵会务，我们坚决反对，聂耳同志也毫不犹疑地站起来支持我们。理解了这些情况，对于以后聂耳在北平的生活、思想、学习、工作等才会有进一步的了解。

当时云南会馆内部的一些斗争情况和日记上涉及的各种人物的政治面貌和生活方式，在此也应略为作些介绍。云南会馆本来是专为接待云南学生到北平考学校暂时住宿的一个招待所，但历史上却是一个极为重要的地方，是在逐步

---

① 裴存藩（1905—1995），字寿屏，云南昭通人，黄埔军校第三期步科、中央训练团、中央政治学校高级班毕业，任黄埔军校教导团排长、连长。1928年起任国民党中央党部军人科总干事，军队党务处副处长，云南省党务指导委员会书记长。1931年任第二路军总部少将政训处长，军事委员会云南行营政治部中将主任，国民党云南省党部代理主任委员。1937年后任云南省政府委员兼社会处处长，昆明市市长，国民党云南省党部委员兼党员登记处处长。当选三青团第一届中央监察会监察。1946年起任军事参议院总务厅中将厅长，兼云南省驻南京办事处主任。当选第一届国民大会代表及国民政府立法院立法委员。1949年到中国台湾，续任"国大代表"及"立法委员"等。

创建云南共产党的过程中一个最早的基地。在蓬勃开展的五四运动中，云南的青年不仅反帝、反封建的政治觉悟得到大大的提高，而且一部分较进步的学生已经开始建立了一个学习社会主义思想理论的组织"大同社"①，办起刊物《滇潮》，公开宣言"不畏势力，不服强权"，"建设新社会"和激烈地直接抨击封建军阀的腐败黑暗统治。这个"大同社"的成员，1922年后多数都陆续到了北平。就在这个云南会馆，云南旅京同学会中部分进步同学结合起来，共同改建为"新滇社"。他们50余人，每月在会馆集会，学习马列主义，办了革命刊物《铁花》，发行到省内，大力宣传革命理论，分析中国社会的实际斗争。他们也和武汉、南京、上海的滇籍进步青年联系，建立了各地"新滇社"的分社，而积极准备到云南省内也发展组织，进一步开展革命活动。1925年，"新滇社"的部分成员已先后参加了地下的中国共产党，这个社实际已成为党的外围组织，培养了一批党的工作骨干。以后回到云南，正式建立"中国共产党临时省工委"，主要的也是这批人。因此，从云南省地下党的产生和发展的历史看，云南会馆确是一个很有光荣历史意义的中心；而对于各个时期的反动统治者说来，从唐继尧②到后来的国民党，都咬牙切齿地痛恨着它，不断地注视着它。

聂耳到北平时的云南会馆，情况比起1925年前后已有了很大改变。馆中

---

① 大同社与《滇潮》。"五四"时期，云南学生受杨青田、李生庄、柯仲平、张四维等人影响发起组织了一个研究社会主义的秘密团体——"大同社"，宗旨是反宗法社会、反封建、反旧礼教。公开"不畏势力、不服强权""建设新社会"，被称为云南最早的马克思主义研究小组。成员发展至20余人。他们曾帮助劳动人民和贫穷失学的青少年学习文化、排演新剧、到校外演出各种新剧等，也是觉悟进步青年开始为社会大众服务，与劳动人民结合的尝试。社里曾发行《民觉》日报，支持新文化运动。后用"云南省立第一中学校学生自治会"的名义创办一份刊物，《滇潮》于1920年10月25日创刊，宣传民主法制思想、新文化运动和马克思主义思想，直至1926年被迫停刊。但聂耳等人已深受影响。

② 唐继尧（1883—1927），又名荣昌，字蓂赓，云南会泽县人。曾就读东京振武学校、日本陆军士官学校。参加过重九起义，昆明起义，护国战争时期，率全国之先宣布云南独立，自任"中华民国"护国军总司令，护国战争结束后，任云南督军兼省长。护法运动中被推为护法军总裁之一，并任滇川黔鄂豫陕湘闽八省靖国联军总司令。民国二年（1913）开始在云南执政并连续统治云南14年。1935年，国民政府感念唐护国之功，明令褒扬，于1936年改公葬为国葬，补行国葬仪式（墓存昆明圆通山）。

立着一座纪念碑，下面埋葬着 1926 年"三一八"①时流血牺牲的两位烈士（滇籍的青年学生，师范大学的范士融②、艺专的姚仲贤③）的骨灰；但大多数人都已漠然视之，不闻不问。北院设有一个图书馆，购置了不少书刊，却很少有人去借阅。这时，刚经过"九一八"民族解放斗争，住宿在馆内的近四十人，大体有这样几种：（1）思想、政治上比较进步，在云南 1927 年前后曾参加过一些革命活动，或者还曾参加过革命组织 C·Y 或互济会（但都未带出组织关系来，因 1929 年至 1930 年云南地下党团组织遭受了大破坏），少数同志刚从监狱里释放出来，就赶快离开云南，跑到北平准备考学校读书。这批人中，不少在"九一八"整个民族垂危的刺激下，又重新参加到解放斗争的热潮中，后来还找到了组织关系。如黄洛峰④、徐栋及张鹤⑤等。（2）原来也参加过革命活动

---

① 三一八惨案。1926 年 3 月，日本挑起大沽口事件，联合英国、美国等国公使向北洋政府下达撤除津沽防线等要求的最后通牒，激起中国人民的强烈愤慨。为抗议帝国主义的霸道行径，在中共北方区委和国民党北京执行委员会领导下，北京各界群众万余人于 3 月 18 日在天安门前举行"反对八国通牒国民示威大会"。上午 10 时，北京大学等 80 余所大中学校和北京总工会、北京学生总会、反基督教大同盟等数十个团体 1 万余名学生和各界群众到天安门参加大会。大会决定：通电全国一致反对八国通牒、驱逐八国公使、废除一切不平等条约等八项议案。会后，与会民众举行示威游行，队伍游行至铁狮子胡同段祺瑞政府门前要求与政府交涉，游行队伍群情激奋，高呼"打倒帝国主义""打倒丧权辱国的政府"等口号。荷枪实弹的政府卫队突然进入游行队伍向群众开枪射击，造成 47 人遇难、百余人受伤的惨案，还下令通缉李大钊和国民党左派徐谦等人。鲁迅称这一天为"民国以来最黑暗的一天"。各界纷纷谴责段祺瑞政府屠杀人民的暴行，4 月 20 日，段祺瑞被迫辞职。

② 范士融（1900—1926），字子仁，云南昆明人，1922 年夏考入北京师范大学，1924 年加入中国共产党。曾受中共组织指派，任国民党北京市第七区党部书记。1925 年秋，发起组织云南旅外学生革命组织新滇社，并先后担任云南旅京学生评议会主席、云南教育研究会理事及《云南》周刊主编等职。1926 年 3 月 18 日，范士融带领北师大学生在天安门参加反对八国通牒国民大会和示威游行，被反动军警开枪杀害。1929 年 3 月，北京师范大学校内建有"三一八殉难烈士范士融、刘和珍、杨德群纪念碑"，刻有"为民族解放运动而牺牲"的碑文。1985 年 3 月，为范士融、刘和珍、杨德群三位烈士重建一座汉白玉锥形纪念碑，碑座上镌刻着"碧血丹心"四个大字和三位烈士的生平。

③ 姚仲贤，云南人，北平美术专门学校党支部书记，北京三一八死难烈士。

④ 黄洛峰（1909—1980），原名黄垲、伯庸，字肇元，云南鹤庆人。曾在大理鹤庆、昆明就学，1930 年赴日本留学。1931 年任上海民众反日救国联合会秘书长，新中国首任出版局局长、文化学院院长等职，是著名出版家、"三联书店"创始人、新华书店创办者，中国革命文化出版业开拓者和奠基人。

⑤ 张天虚（1911—1941），原名张鹤、剑平，字有松，云南呈贡县人，1930 年在上海加了"中国左翼作家联盟"，次年到北京，1933 年，张天虚在上海加入中国共产党。1935 年 3 月，为躲避敌人的追捕，东渡日本，在东京参加了郭沫若创办的大型文艺刊物《东流》的编撰工作，成为"左联"东京分盟的活跃分子。7 月，聂耳不幸在日本溺水身亡，张天虚悲痛万分，立即奔赴藤泽市与日本当局交涉，收领聂耳的遗体。在东京为聂耳举行的追悼会上，张天虚报告了聂耳革命的一生，并撰写《聂耳论》一文作为悼词；其后，与蒲风一道主编了第一部《聂耳纪念集》。1936 年，张天虚亲自把聂耳的骨灰护送回国。

或坐过牢，这时则对政治不愿再过问了，一心一意想补习功课，考进大学，真正学些系统知识，毕业后再回省干一番事业。这一类，为数也不多。（3）最多的是家庭富裕的公子、小姐，到北平只为见见世面，混个资格（可以进个私立大学混张文凭），将来回省仍可凭靠当官的亲友，找一份好差事。这批人有的也在私立学校挂个名，偶尔去一两次；有的则根本也不愿去进学校，整天闲游浪荡。他们衣冠阔绰，西装楚楚，吃喝玩乐，打麻将（有一连两三天不下牌桌而最后晕倒在地的），抽大烟，逛窑子，胡作非为。（4）政治上反动，生活上糜烂的，如马匡国和其他一两人。他们侦察一些同志的情况作为情报送给国民党市党部，因而专门利用吃喝玩乐引诱一些人，甚至出坏主意、干坏事。他们把云南会馆逐步引向腐化堕落混乱的乌烟瘴气中去。总之，那环境是较复杂的，混乱、颓废、肮脏的气氛越来越浓浊地占了主要地位。

聂耳到北平，最亲密的朋友是许强、陈钟沪（日记里经常称她陈老弟）和张鹤、李纯一（日记中称作李表姐）等。许、陈照料聂耳很周到，为他安排食宿，带领他参加各种游乐活动。他闹痢疾时，许还干脆搬到他房里日夜服侍他。但他们却是用自己喜爱的生活方式引导聂耳向"安闲""软化"的方向发展。许强、张鹤在云南的学生革命活动中，原来和聂耳一起工作过，在斗争中结成了较深的友谊。许被捕，住了两年监狱，被保释出来，立即跑到北平来找他的爱人陈钟沪。陈是云南宣威火腿公司大老板的娇贵小姐，生活富裕阔绰。"九一八"后，北平学生南下示威的爱国活动，许、陈也参加了，以后则逐步趋向追求生活享受、衣饰富丽堂皇，每天沉迷于欢乐游要中。

聂耳刚到北平的第三天，就用破木板制作了乐谱架，计划着每天拉小提琴的基本练习，但最初个把月实际根本不可能。他每天都被约出去活动，即使回到会馆里，也照样被拉着去瞎唱，开"草包"大会，尽要他一个接一个地表演各种逗人笑破肚皮的节目。这样的生活，在聂耳，一方面自然是被迫的，为了要和大家搞好关系，同时也为了对付特务马匡国等，制造假象，让他们产生错觉，只把自己当作一个"照样喜欢吃喝玩乐，吊儿郎当的艺术家"。但他的内心深处则是很不满意这种"安闲、软化"的鬼混生活，他多次提到"有许多紧要的工作要做"，能有点空隙就去读报，了解政治形势的发展，就抓紧时机坚持小提琴的基本练习。而且还想尽办法，克服经济上的困难，去找著名的小提琴教师托诺夫进修深造，他也用自我讽刺的口吻，批判当时的生活，说："别人正提倡'九一八'绝食，我们为闹肚子而绝食。"这些，充分说明了他作为一个革命青年，在这样混乱、污浊的环境里，仍然坚持着一个共青团员的先进思想。特别在后来连续遭受三次打击，他更表现出具有难能可贵的勇敢和毅力。直到9月下旬，上海赵铭彝①同志将他的正式组织介绍信寄来，他和北平的左翼剧联取得联系，参加到左翼群众文化斗争高潮中，受到北方学生的炽热战斗激情的鼓舞，他的生活才开始"汇入热情洋溢的正流"。

上文所说的"三次打击"，这儿也需要简单介绍几句。聂耳在上海的"黑天使事件"，自然是一次英勇的革命行动。他一马当先，用"黑天使"的笔名，向当时"中国歌舞的鼻祖黎锦晖"，向黎创办的"明月歌舞团"十几年散播到全国去的"香艳肉感，热情流露"的流行歌舞，展开了尖锐的抨击和揭露。他批判他们"为歌舞而歌舞"，实际是"被麻醉的青年儿童，无数！无数！"他要求"创办歌舞的鼻祖"，要了解"劳苦大众的痛苦"，"贫富的悬殊，由斗争中找到社会的进步"，"创造出新鲜的艺术。喂！努力！那条才是时代的大路！"这都是从左翼文艺的坚定立场，在挽救民族危亡的爱国热潮中，向腐朽落后的歌舞界发动进攻的震动全国的响亮号音。但今天回头来看，当时，聂耳同志进入"明月歌舞团"已一年多，树立了一定的威信，若他能教育好一部分群众，并恰当地领导开展教育和斗争，也有可能把这一有影响的歌舞团体逐步加以改造，使它发挥出对整个国家民族和当时的革命斗争较有益的影响。但他用笔名猛烈斗争的结果，却是使聂耳同志显得比较孤立了，不能再继续待下去，而被"排挤"出来。这对他本人无论如何应算作是一次挫折或打击。

聂耳同志独自离开上海到北平，当时仍然满怀战斗的信心，朝气蓬勃，毫不气馁。上海的朋友郑雨笙（郑易里）等热诚地劝他北上，一方面可能为了使他接触一下北方前线的战斗气氛，同时也确希望他投考正规的艺术大学，可以系统地学习、深造〔当时，云南的旧政府教育厅，设有一种奖学金，规定凡本省学生考入平沪（北京、上海）各地大学的，每年可得补助一百五十元〕。他

① 赵铭彝（1907—1999），四川江津（今重庆市）人，话剧、电影评论家；1926年到上海就读于大夏大学和上海大学；1927年入南国艺术学院开展戏剧运动；1932年任中国左翼戏剧家联盟书记。1949年后曾任重庆中华戏剧专科学校校长，后任上海戏剧学院教授。

到后，也确去报考了北平大学艺术学院。当然，他的思想上也有不少矛盾。他认为："我何必要这样软化下去？！……试问进三年的学校比做三年的事是哪一样的希望大些？！"因此，等到第一次出榜就"落第"了，虽然对这一"失败"感到情绪上受一些打击，但立刻考虑到"想到日本或回上海"，他的精神上还是愉快、活跃的（按他的学识，大家都估计会考取的，但究竟是因为当时大学院校的录取标准有着一些特殊界限不肯要较进步和有才能的学生，还是因他自己几年已未搞学校课程的一套，较生疏了。他到北平后，被那落后环境所包围，从未得正正经经地温习一下功课，成绩不算很好，也是可能的）。

第二个打击是，他曾经去找到在朝阳门内的北平私立美术学院教书的同乡王旦东，要求帮助介绍他去"教点课"，一来可解决起码的生活问题，二来也可有学费向托诺夫去进修、学习，王当时曾尽力为他活动，向学校当局和学生做了推荐。学生中普遍对聂耳的热情诚恳、演奏艺术上的纯熟和富于感染力有好感，一致向学校要求，欢迎他来教小提琴。但校长王悦之①是投靠国民党的死硬分子，他怀疑聂耳"有色彩"，坚决不接收。这对想在北方学生的火热斗争中多体验、多做些工作的聂耳，又是一次重要的打击。

再就是：聂耳找到托诺夫，把大衣暂时送进当铺交学费，每周两次去学习小提琴（每月20元，在当时是很高昂的报酬）。他发现托诺夫的教授方法确实好，自己也尽最大努力刻苦地学习。托也一再表扬他的才能和成绩，纠正他的缺点。聂耳同志满心盼望由于自己的才能和努力，可能获得"老洋人"的喜爱和同情，为了培养出一个优秀的青年，以后"老洋人"会让他"免费学习"。但很快聂耳就发现自己是太天真了，虽然托诺夫是社会上普遍尊敬的名流，音乐界威望很高的名手，他教授学生收学费却是一分钱也不能少的。那"老洋人"最后带着忧郁的表情答复聂耳："啊！这是一个顶大的障碍……你是一个顶聪明的孩子，你将来的提琴会拉得不错的。"这对于当时一心盼望着好好学习，提高一步，然后再到日本和欧洲去考察音乐的聂耳，又受到一次最沉重的

---

① 王悦之（1894—1937），原名刘锦堂，号月芝，生于台湾台中，20世纪早期油画的代表人物之一。曾在上海、北平、杭州等地从事文学与绘画创作。创办"阿波罗学会"，出任北京美术学校校长，举办各种画展，作品曾入选全国美展与巴黎万国博览会。历任私立京华美专校长，私立北平美术学院院长，兼任北平大学艺术学院（后改国立北平艺专）教授。

打击。这也让他深深认识到资本主义社会的腐朽落后，人与人之间建立在金钱关系上的虚伪庸俗（这对我们今天有着各种有利学习条件的青年同志们，也该是多么值得深思的问题啊）。

一个接一个的障碍和险阻并没使聂耳同志产生丝毫的悲观、气馁，他仍凭着一贯的"不顾生死往前奔"，勇猛向上的精神和刚强毅力，继续去开展工作，冲开生路。恰好这时上海的组织介绍信转来，他和于伶、宋之的、李元庆（日记上名李健）等同志接上了关系，认识了许多左翼戏剧、音乐界热情工作的同志，他投入到火热剧烈的革命文艺的斗争中，就更为充满信心、欢欣鼓舞地努力工作。

本来，他刚到北平，我们就考虑过让他参加左翼革命文艺组织活动的问题。张鹤（笔名天虚）在云南时曾和他一同参加过"互济会^①"的革命斗争和学生业余的戏剧活动。他们相知较深，可以无话不谈。他们不仅交谈了过去在家乡工作中的一些问题和以后许多人的巨大变化，也谈了"九一八"后学生运动的情况；他们还谈到1931年冬北平学生轰轰烈烈的南下示威行动是怎样展开的，在长江两岸的怒吼、歌唱是怎样震天动地，在国民党政府前的面对面斗争是怎样尖锐、剧烈，国民党怎样以大队的军警来开枪镇压，许多英勇的同学是怎样地威武不屈（有的被推下秦淮河淹死，有的被捕到宪兵司令部），这些高度的爱国热情和英勇剧烈的斗争，使聂耳激动异常。张鹤还悄悄告诉聂耳：我们几个同乡已秘密参加了左翼的文艺活动。

我和聂耳在昆明时有过几次接触，虽然相交不深，但还有一些了解，知道他是趋向革命、很有才能的文艺工作同志，所以也曾几次和他个别交谈过。一天晚上，我故意搬出椅子在槐树荫下乘凉，听他拉小提琴基本练习（屋里蚊子多，他正在门前练）。过了一会儿他停下来，问我："也喜欢西洋音乐吧？"（他知道我还会弄弄中国的胡琴、三弦之类的乐器。在昆明，有一次我到他们省师宿舍一姓杨的朋友处，他就跑过来一同拉胡琴，唱滇戏和花灯调）我答说："也略微喜欢，去年还曾自学过《霍曼》的第一册练习曲，但后来很忙乱就未搞了。"他居然动了念头，要考考我，先后拉了两个乐曲，问我是表现什

---

① "互济会"，中国共产党领导的外围组织，开展救灾赈济、灾区慰问等活动。

么情感的，我根本不太懂，只能说出自己的一些简单感受。他说："大体还差不多。"然后也搬出椅子来，详细对我解释两个乐曲所表现的内容和情感。跟着，我们就谈到他在上海向工部局①交响乐团一个白俄琴师学习的情况，接着就扯到他在明月歌舞团的工作和"黑天使事件"的经过。我也谈到昆明街头一个少数民族老倌每晚卖山橄榄时所唱的山歌调子怎样引人，春节时农村花灯小戏怎样优美，又扯到看他演出《女店主》（爱尔兰的女戏剧家格苗戈垒的作品，即我国观众熟悉的《月亮上升》独幕剧的作者）时我的美好印象和在云南《民众日报》副刊所写的一篇剧评。还对他介绍了一些北平的戏剧活动：从熊佛西的艺术学院到许多青年戏剧团体的演出。他希望能看到一些话剧表演，能认识几个戏剧、音乐界的朋友。之后，我即送他左翼团体演出的入场券，也答应向他介绍几个熟识的朋友。这晚我们谈得很长，直到槐叶浓荫洒下的点点月光都已西斜，才各自回房睡觉。以后，我又曾专到他房里长谈过两次：一次即10月21日的"着实有莫大影响"的谈话；一次是10月24日晚，他、我和张鹤一同讨论电影、戏剧创作问题的"检讨"谈话。这一段时期，因看到张鹤废寝忘食地在那里写《铁轮》，他也曾动念头要写自传性的小说。

记得我曾把他到北平来的情况，告给了剧联常委的3个同志：任于人（即尤兢，后名于伶）、宋之的、老陶（当时我在文总，经常去参加剧联的常委会）。上海赵铭彝同志寄来他的介绍信之后，于伶即亲自来云南会馆和他见面，以后他也不断到李阁老胡同②平大法学院三院的宿舍，找宋之的等人；另一方面，我也把许晴③（当时名许多，抗日战争中在"华中鲁艺"任戏剧系主任，

---

① 工部局（The Municipal Council），即市政委员会，是清末列强在中国设置于租界的行政管理机构。因与中国之"工部"类似而名为"工部局"。作为租界行政管理的执行机构，这一名称由英国在上海开辟租界时首创，初期本是办理工程建筑的机构，仿照清政府六部中的工部名称，后演变为全面管理租界行政事务机构。其他各国租界均援例设工部局，法租界称公议局，日租界称居留民团行政委员会事务所。

② 李阁老胡同在北京西城区府右街南段路西，现名力学胡同。《长安客话》：李（文正）东阳赐第在灰厂小巷李阁老胡同。李阁老即李东阳（1447—1556），字宾之，号西涯，湖南茶陵人。明天顺进士，官至吏部尚书，文渊阁大学士。胡同西段原有法政大学，东段路南原为交通大学，后改铁道管理学院。

③ 许晴（1911—），原名许多，祖籍安徽歙县，生于江苏扬州。1928年扬州中学毕业后在南京、北京参加学生运动。1940年10月，许晴随刘少奇同志到达盐城。1941年1月，震惊中外的皖南事变爆发，中共中央果断决定在盐城重建新四军军部，鲁艺华中分院在盐城成立，入鲁艺分院工作。1941年日寇大"扫荡"时，许晴在掩护战友突围过程中被刺牺牲。

1941年在日寇大扫荡中牺牲）和当时一个编电影小报的同志介绍给他。

9月中旬，和剧联同志们接触后，他不只"心绪稍有安定"，而是热情积极地以更多的时间参加各种工作、活动。他为剧联的刊物写稿，也参加排演高尔基的《夜店》。他非常兴奋、活跃，大家都感到他热情真诚，很快就把他列入活跃分子的行列中，喊出了"许多、耳朵、的确、周道"的顺口溜（后两人是女同志，据说现仍在北京和哈尔滨坚持戏剧、电影工作）。他看到大家生活都很艰苦：喝点开水，啃点大饼就咸菜，穿着很破旧。有的夫妻两人还带一婴儿就挤睡在一窄小的行军床上，但他们工作起来那样热情苦干。写稿、读书很下苦功夫，各人收藏的日文、俄文书刊都不少，不仅阅读，还有计划地翻译作品，他心里"无限感动"，觉得他们"着实比我们强得多"，也很虚心地想到"自己的浅薄"，决心要加倍努力。

聂耳同志在北平参加的政治活动，突出的有：（1）西单牌楼的"飞行集会"。当时，参加集会的人们手挽手，声势浩大地前进，喊着口号直到国民党市党部门口，砸了它的招牌（大门早已紧紧关了，未冲进去）。我看到聂耳在队伍里，挺胸阔步，满面红光，带头唱起革命的歌曲：回到家里，见面时虽未说话，他却微笑着连连点头，显出斗争胜利的喜悦。这就是日记上10月1~2日被撕去的好几篇，不知他写了多少精彩的描写和感想。（2）10月29日，他认为是得到"可爱的消息"，饭也不吃，步行十余里赶到朝阳大学，听马哲民的讲演《陈独秀与中国革命》，而且还看到对一个托洛茨基分子抢上台去辩解时所展开的剧烈的面对面斗争，群众高涨的革命情绪，使他受到极大的鼓舞和深刻的教育。

聂耳在北平的左翼文艺活动中，主要做了两件事：（1）积极参加"北平乐联"的筹建工作；（2）参加了两次影响较大、令人难忘的戏剧演出。

"北平乐联"的筹建，本来很早就提出来让王旦东、李元庆等同志负责，他们两人热情虽高，但组织经验却不足，聂耳同志参加活动后，才找到更多的音乐界同志共同战斗。最初开筹备会，草拟组织大纲及准备开成立大会等，主要都是聂耳主持。10月下旬，"北平乐联"正式成立，我看到的人，总数已有20余位，是在西四北面一个教会的女子中学的二楼的教室里开的。从门口到楼口，他们布置有女学生警戒，较严密。这学校，本来男人平常都不能进去。

这天是礼拜天，女学生都外出回家了，所以开了快两个钟头的会也未受到干扰。这天，我是受北平文总的委派去参加会议的，我的讲话先讲了半个钟头的形势与任务。主持会议和筹备工作报告都是由王旦东同志负责，最后选举是由筹备组提出名单，举手通过的。事前酝酿时，本来要推聂耳同志负责，但他很谦虚，一定要推王旦东、李元庆等同志负责。他一再强调不久要回上海，但大家仍选他担任执委，"在未离北平前还要多负责任"。实际上，"北平乐联"的建立，聂耳起了重要的作用，由于他组织活动能力强，业务修养较高，在音乐界有一定威信，所以他一参加，很快就建立起来了。

1932年北平的左翼戏剧演出活动，每次都是在战斗中进行的。当时虽然已不断写文章提倡"街头戏剧"，但真正的演出主要仍在剧场进行，所以还要考虑一定的灯光、布景。如我第一次看到《炸弹》，一开幕那红色的光束集中照射着高高坐在帝王宝座上的金脸的统治者（由平大艺院学生李树芳饰，他后在绥远牺牲），就给人深刻的印象。每次演出的准备也是复杂的（还没创造出《放下你的鞭子》这一类广场演出的戏），特别要严密地组织纠察、保卫的队伍，随时要准备和反动军警斗争。聂耳第一次收到参观券，满腔热情地去看戏，就碰到这样尖锐斗争的场面。这晚是在宣武门里国会街法学院一院的大礼堂（袁世凯和北洋军阀时代"猪仔国会①"的礼堂）演出，有好几个独幕剧（《血衣》《战友》《S.O.S》等），聂耳赶到，看到铁门紧紧关闭着，先还以为是自己来迟了，再仔细观察，才看到里面站着一些军警，并立刻打听到"是当局禁止演出了"。在戏剧文艺宣传活动中，革命与反革命的这样尖锐紧张的斗争，对聂耳是一次深深刺激心灵的震动。特别是学生们为纪念"九一八"所准备着的各项革命活动，更使他兴奋不已。

聂耳在北平正式参加过的演出活动有两次：一次是10月28日晚在清华大学礼堂的演出。这是以东北学生自治会名义邀请芭莉芭（俄语"斗争"）剧社去演出。那晚我没去，听他第二天回来说：斗争剧烈，情绪高涨。演出前，他们准备了《国际歌》。但开幕前，自治会的主席张露薇不同意演，台下的右派

---

① 1922年第一次直奉战争后，直系军阀曹锟、吴佩孚控制北京中央政权，曹锟欲当总统，取黎元洪而代之。1923年10月，曹锟以5000元一张选票之价（猪仔价）贿选。史称本次国会为"猪仔国会"，称被曹锟收买的议员为"猪仔议员"。

学生乱哄乱闹，但聂耳毫无畏惧，勇敢地站到台上演奏，下面情绪很好，一直坚持演奏毕。跟着，四个独幕剧也坚持演了，效果也是好的（宋之的同志说聂耳曾参加演了《战友》，我记忆中这次好像他没演）。当晚，整个清华园内空气紧张，右派学生写了"打倒普罗剧社"等标语，次晨贴满全校。剧团坚决斗争，提出抗议，面对面地谈判说理，最后，自治会才赶快去撕了标语。到第二天上午，在校门口等汽车回城时，许多人请聂耳跳非洲舞，他跳得活跃而欢快，大家都非常高兴。他又带头唱起革命歌曲，大家都兴奋地跟着唱。雄壮嘹亮的歌声震动着清华园，很多围着看的同学都热烈鼓掌欢迎。聂耳很激动，唱了一个又一个，《国际歌》唱了好几遍，在汽车上一直唱到西直门。

第二次他参加的是 11 月 5 日晚在东单外交部街平大（北平大学）俄文商学院的演出。这是一个大院子，他们在屋里化装，到台上演戏，观众冻坐在院里的长条凳上，情绪却一直很高涨。这晚，聂耳扮演了《血衣》中的老工人，演得很感人，他自己也掉下眼泪。本来他们还准备了一个象征剧《起来》，排练得很好，不知什么原因没演出，另外聂耳一人演奏的乐曲，颇为感人，场里全静静地听着。这晚的演出很成功，反应很热烈，但场外却是紧张的，同学们挑了不少彪形大汉扛着大木棍在四周防卫。

聂耳同志就是带着这样热烈战斗的激情和人民胜利的欢笑，于 11 月 6 日下午离开北平，重返上海的。3 个月来在他的头脑里，深印着种种形象：东交民巷口操场上，日本士兵操练劈刺时，凶恶的喊杀声；日寇逼近山海关前的炮火轰炸，不时成群结队的飞机在头顶上嘶鸣；国民党蒋介石政府对敌人的卑躬屈膝，一再退让；对内的残酷镇压，屠杀青年，压榨工农，而本身则又荒淫无耻，腐朽堕落；天桥一带"下层社会劳动人民"的极端穷困，衰老贫苦艺人的拼命表演的悲惨生活……这些都给他留下不能磨灭的印象。最重要的是他生活在革命青年和左翼文艺工作者中，看到他们不避一切艰险，不怕杀头坐牢，满怀远大的共产主义理想，充满无产阶级战士的胜利信念和团结斗争的热情，更进一步鼓舞着他要英勇斗争，阔步前进，去上海担负更重要的斗争任务。

我站在月台上，看到人们对他热情欢送，心里静静地想着：聂耳确是极聪慧的全面人才，无论音乐、戏剧、文学都禀赋着惊人的才能。上小学时，我晚间走过他家住的黑暗小街或在翠湖旁，听到他们小型民族乐队演奏的优美乐曲，总不免要伫立很久，沉醉欣赏。舞台上他创造的各种生动感人形象，更使广大群众长期把他亲昵地喊做"玛丽亚"（《克拉维歌》①一剧中的女主角）或"小四狗"（花灯剧《四狗闹家》中农村青年）。读了他少年时的作文和后来计划写的自传性小说的提纲，我更深深感到，文学创作上，他也有着敏锐的思想、丰富的生活和强烈的表现能力。但正像他和天虚（张天虚）当时所常议论的那样："古今中外的天才，哪一个都不会是偶然登天的。"他有刚强刻苦的毅力，多少次的艰险转折，都"不顾生死往前奔"。但更重要的却是：聂耳已掌握了前进的思想、科学的真理和得到革命组织的领导，在他参加革命斗争前后的思想情感不是有着最显明的不同吗？我相信他将来对祖国、对人民一定会作出重要的贡献。

果然，在民族解放运动的高潮里，聂耳非凡的才能得到了充分发挥。正因为具有对广大贫苦劳动人民的深深同情，对灾难深重的祖国的无比关心、热爱，使他处处要去亲近工农兵，时时要去倾听他们的心声，自然才能唱出时代的最强音，创作出鼓舞亿万人的强烈歌声。他的歌在码头、在工厂、在农村、在战场都受到欢迎，激励着英雄们创造伟大业绩。聂耳和他的战友们开辟了中国新音乐的道路，唱出了无数支雄壮的战歌，引导着历史悠久的古国走向新生。45 年以后的今天，我们还将沿着这条道路，唱出时代的声音，鼓舞亿万人民向更辉煌的"四化"进军，创造社会主义历史更加灿烂的篇章。

45 年了，翠湖已经真正春晓。聂耳同志！你在西山葱郁的红梅、山茶丛林中，一定会更欢快地瞭望着滇池畔广大人民在勤奋工作，你还将看到日本藤泽县和全日本人民以及世界各国人民将要不断来向你祝贺这十亿人民巨大的胜利！

原刊《音乐研究》1980 年第 3 期

———————————————
①　歌德的世界文学名著改编的同名歌剧。

忆聂耳

于　伶①

　　在失去了聂耳这整整的一周年中，读过了多少熟识和不熟识的友人们哀悼、回忆、记叙、评论他这人或作品的文章，我却从来不曾写过关于他的一个字一句话。从"聂耳死了"这一消息的被证实到友人们忙着筹开追悼会这段时间中，我简直写不成什么，每回提笔时的惨痛会叫我只能相信他，我们这年轻矫捷、朝气、热情、聪敏、勤苦的友人聂耳并不曾死——不是吗？在我们的电影、戏剧与音乐运动中，不，在整个民族解放运动战线上，没有了聂耳这损失实在太大了——同时，当街头、深巷、工厂、田庄和大众的行列中，到处唱着聂耳谱写的雄歌的时候，谁又能相信他已经死掉了，而且已经死掉一周年了呢？

　　记得是 1932 年的暑天，我和一些友人刚从长城外的绥远演了一个礼拜的剧回到北平，在拂去塞外远征归来的疲劳与尘土中，接着从上海来的一封信。——让我在这儿也纪念这位给我信的朋友吧！去年今日也正是他的厄劫期，被黑的魔爪扼在坟墓里几乎一年，至今还被夺去了他宝贵的健康的！说有一位聂君到了北平，要我去他住的会馆②找他，说是已经介绍我，给他做了北国唯一的朋友了。

①　于伶（1907—1997），原名任锡圭，字禹成，江苏宜兴人，著名剧作家、导演、演员。1927年开始从事戏剧活动。1930年考入北平大学法学院俄文法政系。1932年参加中国左翼作家联盟，担任组织秘书，并筹建了中国左翼戏剧家联盟北平分盟，以戏剧、文学等方式，展开反帝反封建的爱国活动，同年加入中国共产党，长期从事左翼电影戏剧创作和理论工作。1949年后曾担任上海电影制片厂厂长、上海市文化局局长、上海戏剧学院院长等职。聂耳在北平时，于伶任北平左翼戏剧家联盟和中国左翼戏剧家联盟负责人。

②　位于宣武门外珠朝街的云南会馆新馆，即聂耳在北京住所。

是一个急雨后的晴晚，我们〔在〕古旧破落的云南会馆的一间低屋中，第一次握紧了我们和这古旧破落的屋子极不相调和〔的〕年轻的狂热的手。他告诉我，他几乎是因为有人逼他弄什么《芭蕉叶上诗》①的无聊诗，而挟着提琴悄悄地逃往北国的。他那些朝气、矫捷、热情、聪敏、勤苦的优点，大大地激励着我，我们北平的友人们那时对演剧的"一往情深"也给了他莫大的惊服。于是我们成为息息相关的友人。

聂耳在北平的短短半年中，他没有空过去一点儿时刻，他不曾放过去一星星机会，他刻苦地学说北方话，勇敢地战斗地参加话剧演出与音乐演唱，热心地和一些音乐同事与爱好者交往。

半年的北平生活是把我泛滥洋溢的热情与兴趣汇注入正流的界堤。——是他回到上海后给我的信里的话。

不久之后，我也到了上海，和他同住在他服务的"联华"附近。

记得是他第一次离开"联华"之后的一个长时间中，他的心境一度非常恶劣！那时他住在霞飞路曹家弄口的街面楼上，一个清晨去看看他时，他正在忙着收拾东西，见我一进去就把我寄在他那里的一包书捧还我，说是"走了，有机会给"可以利用。当他说明那是可以"挂皮带的音乐"什么时，我肯定地阻止了他。那是至今还是中国唯一的新兴歌剧《扬子江暴风雨》②的尝试谱写和演出的成功之前，更是作为他开拓了自己的作曲的纪念碑式的电影歌曲《开路先锋》《大路》《新女性》③等之前。这我不但想，而且过后我们也当面谈笑过：要是那早晨他走成了，前面的歌剧和《开路先锋》等他就不会作出来，那么非但以后在他作曲过程中占着高峰的《毕业歌》《义勇军进行曲》《打长江》等能否作得出成了问题，而聂耳的生前和死后将给予人们和现在不同的姿态是必然

---

① 《芭蕉叶上诗》是由孙瑜执导的中国第一部歌舞片，黎莉莉、王人美等参加演出，1932年上映。

② 聂耳与田汉在1934年5月合创的首部新歌剧，表现了中华民族宁死不屈的斗争精神。剧中含《打砖歌》《打桩歌》《码头工人歌》《前进歌（苦力歌）》四首歌曲。1934年6月30日在上海首演。由聂耳、郑君里、王为一、露露主演。聂耳于《一年来之中国音乐》中指出，新歌剧《扬子江暴风雨》中的歌曲，和一些流行歌曲大不相同。它们没有靡靡之音，有的却是壮健的歌词和雄劲的曲调，在内容和形式上都配合得很恰当，绝非一般抄袭者所能办得到。该剧被曾被当局查禁。1960年11月在北京由中央实验歌剧院重新公演。

③ 《新女性》讲述知识女性韦明遭遇婚姻失败后，依靠自身力量和女儿生活下去，却在感情波折、生活苦难和流言蜚语打击下，只有自杀之途的悲剧故事。阮玲玉主演，聂耳作曲。

的。不是吗？电影和戏剧界中挂皮带或半官性的朋友的例子不是少有的，而他们所表演的是怎样一种姿态呢！

这些仿佛还是昨天的事。可是聂耳已经死去一周年了！

聂耳所作的歌曲为大众疯狂地接受，有些人简单地认作是因为它大众化、民歌化、简朴、明朗、容易演唱，这是忽略了内容的不正确的理解。这儿可不必详论的，就按聂耳的学习过程中看，其实也不尽然的。他固然是来自田间，带着浓重的乡土气，不甚深受学院派、古典音乐的教养，但对这方面的热忱向往，也正和他对民间音乐的努力同样的。在北平他甚至于像我这样对音乐几乎不懂，而到塞外又只不过十来天的人，也绝不放过地追问着绥远①内蒙古的民歌及音乐情形，同时也不曾放过设法去和清华大学西乐指导托诺夫教授讨论斯拉夫音乐的机会。他时常到天桥一带北平底层去作北方民间音乐巡礼，同时节衣缩食地花五块钱这样大的数目到北京饭店去听欧洲名乐人的演奏的。

他的《开路先锋》等歌曲已经在他作曲的前途上开了较成功的先路之后，他就更加用心于摄取外国名歌的养料了。他曾经从遥远的北方之国去订购的那世界著名的音乐民族进步、民族的古典的与新兴的 piece（篇章）来学习。这对于他后来的作品中那些雄伟壮烈的气魄和奔放豪昂的调子，不是没有影响的。

这是我该对亡友聂耳追悔，与表示无穷的遗憾的；当时未暇把他托我翻译的歌词全翻译出来。遗留在我抽斗里的几个 piece（篇章），简直成为我对亡友追悔的苦痛的刑具了。——这儿我告诉我亡友，我在不久之前已经把它给了你生前的挚友，你死后他更努力了的展青君了。

这些仿佛还是昨天的事。可是聂耳已经死去了一周年了！

在我们失去了聂耳的一周年中，我们民族的厄难更加深了比之他生着时的几倍。他，"冒着敌人的炮火，前进"的聂耳要是活着，将会谱写出多少更足以答复敌人，更足以鼓慰我们的雄歌！

——原刊《大晚报》（上海）1936 年 7 月 20 日

---

① 绥远省，简称绥，省会归绥（今呼和浩特市），包括今内蒙古自治区中南部地区。清朝为归绥道，属山西省管辖，1914 年袁世凯北洋政府将之分出山西，与兴和道建立绥远特别区，1928 年改称绥远省。1954 年 3 月 6 日被撤销。

聂耳与清华

范宝龙[1]

    在纪念聂耳诞辰110周年之际，人们回忆起聂耳的许多往事。你可知道，在整整90年前——1932年初秋时节，20岁的聂耳曾到访过著名学府清华园，还在清华大礼堂参加过演出？在中国艺术研究院音乐研究所保存下来的《聂耳日记》中，对此有着翔实的记述，生动反映了聂耳对清华的情感和他从事革命活动的经历。

    清华大学的前身清华学堂建立于1911年，1912年更名为清华学校，最初是用美国退还的"庚子赔款"建立的一所留美预备学校。因此从建校起，清华就有着中西融会的学术传统，同时又形成了"知耻而后勇"的爱国基因。1928年，清华学校更名为国立清华大学，开始了独立发展高等教育的历程。在短短几年内，就成为国内知名的高等学府，为青年学子所向往。

    1932年，聂耳在北平居住的近三个月间，与清华相关的主要有三件事。他在日记中，对这三件事均有记载。有趣的是，聂耳日记[2]里提到"清华"时，均加有引号，大概是他觉得这是一个专有名词吧！

（一）参观清华园

    1932年8月中旬，聂耳乘船从上海经天津来到北平。从到了天津，聂耳就想着要"去清华"。到达北平近一个月后，聂耳终于在9月7日来到清华园。聂耳这天的日记以1200余字的篇幅，详细记叙了来清华的经过。这天的日记，

---

    ① 范宝龙，清华大学党史研究室主任、校史研究室主任、档案馆馆长、研究员。

    ② 本文引用的《聂耳日记》，均引自文化艺术出版社、人民音乐出版社1985年10月第一版《聂耳全集》（下卷）的日记部分。以下引用时不再一一注明。

几乎是在北京近三个月间最长的一篇。

据 1932 年 9 月 7 日的日记记载，聂耳与同行的朋友张福华等，早上 8 点从位于宣武门外的云南会馆动身，未赶上汽车，乘坐当时称作"洋车"的人力车，"颠了一个点多钟"，才到达清华园。

清华园是在过去皇家园林基础上建起的校园，建校后又由美国设计师墨菲主持设计，兴建了许多保存至今的教学设施，形成了当时的"四大建筑"——大礼堂、科学馆、图书馆、体育馆。典雅的校园风景，特别是许多西方古典风格的建筑，给聂耳留下非常美好的印象。他在日记中专门提到，"图书馆、大礼堂特别漂亮"。聂耳一行在校园流连忘返，并"在合作社吃午饭"。

在清华，聂耳感触最深的是正巧赶上的迎新"拖尸"活动——尽管聂耳或许并不知道这个活动名称。"拖尸"直译自英文"Toss"（英文原为"抛、掷"等含义），20 世纪 30 年代在清华、燕京等校非常流行，是从美国校园传来的老生戏弄新生的一种活动。聂耳在日记中称这是"比马戏、狗戏更新奇的人戏"，这天日记的大约三分之二篇幅，是对所见到的这个活动的详细描述。他在日记中写道：

"清华"有一个历史传下的规矩，凡新生入学后，老班生要公开地大玩弄新生一番。今天正是新生注册之日，门口挂着"欢迎新同学"的大字，男女招待员守在门口迎接。签名后的头一关是到医院体格检查。再进一个宏大的建筑便是所谓的招待处，这儿是体育馆，这儿是新生们人人必经的难关。

接着，他逐一描述了在体育馆里新生们被老生强迫着"爬单绳""爬在地下用鼻子推进一个皮球""在水桶里咬水果""睡在地下打滚""披着一个大褥垫从东墙跑到西墙再回来""蹲在一根荡木上甩来甩去"……等等一系列活动的情景。对于这种捉弄新生的游戏，聂耳似乎不太理解，他说："我们已经看了相当长的时候了，这种表演却是拿钱都买不着看，过后只替那些新生可怜！"但是，"新生们对于这种玩弄，不见得会像旁人样的觉得可怜，因为他们还有着报复的希望的。好像婆婆待媳妇一样，一代还一代。"后来，在 9 月16 日的日记中，聂耳还记下了北平法政大学"要学'清华'学生对付新学生的四人分尸的把戏和新同乡开玩笑"。

举办老生戏弄新生"拖尸"活动的清华体育馆

聂耳在清华还看到一本《音乐的常识》。这使他想起将要报考北平大学艺术学院"不能不有相当的准备"。他在 9 月 7 日的日记中写道,"我想到若是进了平大艺院,重新再度学生生活,这会给我感到何等的悠闲,更想到以后来参加'清华'的乐队演奏。"他说,"'清华'的环境着实太好了。我玄想着要是我现在是里面的学生,我将会很自由地跑上大礼堂去练习音乐,到图书馆去读书,到运动场去打球……一时思潮起伏,追忆起学校生活的乐趣。"

当天晚上,聂耳还在清华住了一晚,但具体住在哪里,日记未作记述,在史料中也没有查到相关记载。仅在日记中留下这样一段话:"在昏黯的夜暮里徘徊于'清华'园中,蝉声在唱她别离之歌。我发现了我的思潮又潜伏在考学校的玄想中。"

清华大学图书馆内景：聂耳在清华园参观游览时，曾到这里阅读《时事新报》

第二天，聂耳又在清华游览了一阵。在 9 月 8 日的日记里，他简要记叙了在清华校园散步和到阅报室阅读《时事新报》电影栏报道等感触。在另一位朋友的陪同下，聂耳还到隔壁的燕京大学参观了一番，但感觉似乎不如清华那么美好。他在日记中写道："小张楫陪我到'燕京'参观了一趟，到底没有'清华'讲究。"午饭后，聂耳等才乘洋车返回。

（二）跟托诺夫学习小提琴

为了提高自己的艺术水准，聂耳在北平期间，向当时在清华任教的俄籍小提琴家托诺夫（Tonoff）学了一个月的小提琴。托诺夫毕业于彼得堡音乐学院，1930 年来清华任教，教授小提琴、钢琴等，还担任军乐队指挥，并曾为清华写了一首进行曲《前进，清华》（Forward Tsinghua）。托诺夫住在东单和东交民巷附近的苏州胡同。聂耳在 9 月 11 日、12 日、17 日、19 日、24 日、25 日和 10 月 15 日、16 日等多天的日记中，专门记载了跟托诺夫学琴的一些情况。

9 月 11 日的日记写道："在半道突然想今天该去找一找托诺夫"，但当天去了两趟都没在，于是"在他那教室里打量一周"，"约定明天上午十时会"。

9 月 12 日是星期一，聂耳如约见到了这位仰慕的小提琴家，见面时托诺夫建议他报考清华。聂耳在当天的日记里写道："托诺夫鼓吹我入'清华'，只要能 pass 过入学试验，你尽可在里面把音乐当饭吃。和他谈王人艺的事，他非常夸奖他。他问拉过什么 piece① 没有，他是主张拉 piece 的。他叫我礼拜六带着提琴和所拉的书来试一试。"

9 月 17 日星期六，聂耳的日记记载道："预备一上午的基练，到时去找Tonoff，还有一个学生没下课，所谓他的高足——'清华'学生也在。"托诺夫让聂耳先后拉了音阶和法国小提琴家马扎斯的《连弓练习曲》、第七把位指法练习、西班牙作曲家萨拉萨蒂的小提琴曲《吉普赛之歌》、奥地利作曲家莫扎特的《小步舞曲》等，感到"非常满意"，特别赞扬他"左手很好，右手持弓是德国的老派持法，现在这些 violinist 都不是如此持法。"托诺夫还对聂耳的演奏指法、练习态度等作了深入指导，特别说到"来上课是好像赴演奏会一样的庄严，到了课堂，从开始演奏到完，不应当有丝毫错误的。在家里自己练习时尽可以错了再来，特别难的多来。"聂耳在日记中感慨地说："我对于我这毛病实在抱了很大的缺憾，赶快在改换教员的现在纠正过来吧！"在当天日记中，聂耳还根据"今天上课的结果"，具体总结出"今后应当注意"的 6 点事项，其中写道"不能有半点错"等重点的地方，还加粗了笔迹。

聂耳的认真态度和琴艺使托诺夫很高兴。9 月 24 日，聂耳在日记里写道："今天成绩非常好，他说我交的第一个功课使他非常满意，他顶喜欢这样的学生。"不过，由于拉得好，下次的功课就更加难而多，以至于聂耳生发感叹："离开教师后心里总慌着：'这样难！怎样交帐。回去非下苦功不可。'"第二天，聂耳又在日记中说："托诺夫太把我看高了。他给我这 piece 是一个显技巧的东西，作曲者 Viotti 是和大演奏家 Paganini 同享盛名的，曲里着实有困难的地方。"

向托诺夫学琴，聂耳受益匪浅。在 10 月 13 日的日记里，聂耳分析自己今后的三种生活路线——去日本、在北平、回上海的各自利弊，把能够跟托诺夫学琴作为倘若留在北平的主要"好处"，他写道："托诺夫着实是个好教授，他

---

① 指小曲子。

很注意 piece 演奏，常学下去一定可以学很多的 concerto[①]，他看我的技术还不低。"但是，由于没有足够的钱缴纳学费，想让托诺夫免费教学又感到行不通，聂耳不得不终止了学习。

10 月 15 日，聂耳在日记中记述："学提琴的一月计划，现在已到期，拿着书到托诺夫那儿去退学。"托诺夫听说聂耳由于生活费和学费而不能继续学习，带着忧郁的表情说："啊！这是一个顶大的障碍对于你的功课上。你是一个顶聪明的孩子，你将来的提琴会拉得不错的。"尽管如此，托诺夫还是给聂耳"指定了一个月的功课练习"。第二天，聂耳又去艺术院观看了托诺夫的演奏，并在日记里写下了观赏心得："详细的已经记好在心，只要看着节目单便可以忆起各曲的趣味。"10 月 16 日的日记还记载到："在会场里认识了托的高足'清华'学生陆以循，谈起王人艺，他去年冬天在'清华'的演奏原是替陆拉，因他的手坏了。"陆以循后来一直在清华音乐室任教。从 10 月 17 日起，聂耳开始自己定功课练琴。

（三）在清华大礼堂演出

"九一八"事变后，清华园逐渐涌动起抗日浪潮，北平和清华的地下党组织在广大进步学生中也有了很大的影响。当年同住在云南会馆的昆明老乡、当时北平左翼文化总同盟负责人之一陆万美，曾写过《聂耳在北平》[②]介绍，聂耳来到北平后，陆续参加了左翼文艺组织的活动，其中正式参加过两次影响较大的演出：一次是 10 月 28 日在清华大学大礼堂的演出，一次是 11 月 5 日在北平大学俄文商学院的演出。聂耳在日记中，对参加这两次演出也都有或详或略的记载。

在 10 月 27 日的日记中，聂耳写道："明晚'清华'毕业同学会在'清华'礼堂开义勇军募捐游艺会，请我去帮忙音乐，有'剧联'的四、五个剧本。"10 月 28 日的日记，则全文都是记叙来清华演出的前后经过。他写道：

---

① 音乐术语，协奏曲。
② 载《音乐研究》1980 年第 3 期。

20 世纪二三十年代的清华大礼堂
（聂耳就是在这里参加为义勇军募捐演出，演奏了《国际歌》）

早起跑到李健家，约他晚上到"清华"，要了二十几个子坐车到中南海找老老练琴。决定演奏 Ligaspee 给的那《第五变奏曲》。

不论在洋车上、走道时，脑里都在回旋着 International 的旋律，预备晚上 solo。

五点半由中南海起身，西直门坐洋车去的，几个冷包子、干烧饼便算混过晚饭。

刚入礼堂将到开幕时间。即时奏完了事，可惜钢琴不能摆在台前，而且有重重的幕景，台下很听不见！遇"清华"的同乡们，全振环也在。

上面这段日记中，International 即《国际歌》。在这天的日记里，聂耳还记载了当天演出的剧目有《战友》《S.O.S.》《一九三二年的月光曲》《乱钟》等几个。

笔锋一转，聂耳在日记中又记述了在清华遇到好友的情形："在食堂遇从前在'联华'的吴宗济，他现在'清华'。到他寝室里，他把去年罗明佑生日联欢会的签名簿给我看，多有趣！我写的是'送给您一点礼物：耳耳耳耳'。还有很多名人、明星的签名，看来想起那晚的乐趣！"这段"耳耳耳耳"的故事，来源于他的改名的"典故"。聂耳原名聂守信，从小有着音乐天赋，听觉尤其灵敏，而他的姓"聶"（繁体字）由三个"耳"组成，"耳"多听力就好，因此当年在上海联华公司明月歌剧社时，社里的人戏称他为"耳朵先生"。他听了这个绰号很高兴，干脆又加了一个"耳"，变成四个耳，把名字改为了聂耳。清华遇故知，朋友们又回想起当年的趣事。当晚，聂耳又一次住在了清华园。

陆万美在《聂耳在北平》一文中，有这样的记载：当晚演出中，有一些右派学生乱哄乱闹，不同意演奏《国际歌》，还张贴标语等，但剧团坚决斗争，聂耳也无所畏惧，一直坚持到演奏完。"第二天上午，在校门口等汽车回城时，许多人请聂耳跳非洲舞，他跳得活跃而欢快，大家都非常高兴。他又带头唱起革命歌曲，大家都兴奋地跟着唱。雄壮嘹亮的歌声震动着清华园，很多围着看的同学都热烈鼓掌欢迎。聂耳很激动，唱了一个又一个，《国际歌》唱了好几遍，在汽车上一直唱到西直门。"

陆万美回忆的这些情形，聂耳在日记中未做详细记叙，但也有提及，并谈到了自己的感受。在10月29日的日记里，他写道："发现一些攻击'剧联'的标语，他们表示很大的不满，马上召集全体大会讨论出几个议决案。主要的是要东北同乡会发宣言，申述请'剧联'公演的意义，并解释标语上的谬论，结果他们承认了。"日记中还记载："在大礼堂门口等车，他们请我跳非洲舞，我说：'你们别忘了这儿是 Gentlemen's University，多么庄重？！多么伟大？！'"接着，他又说："汽车上的'上海女子宣讲员'使他们会大声发笑，这是因为他们从未听过的缘故，他们之对我，太好感了！"这里，聂耳称赞清华是"绅士的大学"，再一次反映了清华在他心目中的美好印象。

11月5日晚上，也就是聂耳即将离开北平返回上海的前一天，他又参加了在东单外交部街北平大学俄文商学院的演出，扮演《血衣》剧中的一个工人，还上台拉了琴。这天，北平下起了雪。聂耳在日记中写道："下雪了！多美！这是今年北平的第一次下雪，她庆祝我在北平第一次演剧的成功！她欢送我明天的离平！"次日，聂耳带着对北平的难忘记忆，乘火车离开了这座古城。

据相关史料记载，聂耳回到上海后，找到田汉，转交了北平左翼剧联请他代转的工作汇报和信件，不久又进入联华影业公司工作。1933年年初，由田汉介绍、夏衍监誓，聂耳加入了中国共产党。北平的这段生活时间并不算长，但其间的活动（包括参观清华、向托诺夫学琴、在清华参加抗日演出等），无论对聂耳的艺术提升还是政治成长，都是一段重要的经历和锤炼。

聂耳与清华（梅涵　作）

聂耳眼中的清华

金富军[①]

"起来，不愿做奴隶的人们……"当雄壮的《中华人民共和国国歌》响起，这发自中国人内心深处的音符不禁让人心潮澎湃、热泪盈眶，也自然让人想起她的曲作者、短命但天才的作曲家聂耳。

聂耳的生命只有短暂的 23 年，但正如流星划过星空，留下了耀眼的、长长的轨迹。在短暂的生命里，聂耳只来过北京一次，逗留不足三个月。在北京期间，聂耳几次到清华，或参观，或演出。在他的日记里，也记下了他对清华的观感。

1932 年 8 月 7 日，聂耳乘船离沪北上，11 日经天津乘火车到他向往已久的古都北京，住在宣武门外校场头条胡同 3 号的云南会馆。一住下来，聂耳便和在京朋友逛公园、看演出、玩乐器等，日子过得紧张而充实。

到北京前，聂耳便嚷嚷着"去清华"。直到 9 月 7 日，聂耳才第一次到清华。这天早上八点，聂耳从云南会馆动身，错过了汽车，便乘坐人力车，一个多小时后才到清华。聂耳在日记中写道："四辆洋车颠了一点多钟，半路的让车很讨厌，看那些车夫却很平常，他们互相的礼貌却是使人佩服。"

清华校园给聂耳很大的震撼，或许是美轮美奂的校园给聂耳印象太深，在他笔下，没有典雅的工字厅等传统园林式建筑，他只写下清华"全是欧化的洋式建筑，图书馆、大礼堂特别漂亮。"

9 月 7 日恰巧是清华迎新大搞拖尸运动的一天。聂耳以第三者的新奇的眼

[①] 金富军，清华大学校史馆副馆长，主要从事中国近现代大学史、清华大学校史研究。

光看着拖尸，并在日记中详细记下了所见。

"清华"有一个历史传下的规矩，凡新生入学后，老班生要公开地大玩弄新生一番。今天正是新生注册之日，门口挂着"欢迎新同学"的大字，男女招待员守在门口迎接，签名后的头一关是到医院体格检查。再进一个宏大的建筑便是所谓的招待处，这儿是体育馆，这儿是新生们（忍）必经的难关。这儿有比马戏、狗戏更新奇的人戏。

我们进了体育馆，正是他们玩人戏热闹之际。周围围了参观者老学生。有些带有小红布条上写指导员、招待员等字样者，他们是专门这种工作的执行者，他们是刽子手。应考的新生们是穿着一件内衣背心和一条短汗裤。在人声嘈杂的笑声中，他们板着面孔任凭那些刽子手的支配，那新鲜的花样给你不能不笑。就是那些表演者，虽然心里是怎样的不高兴，有时却也逼出可怜的苦笑。

爬单绳的出了风头，一阵掌声，吼声包围了他，他竟不知道这是他的不幸，身体越好的越给你玩的不得下场

爬在地下用鼻子推进一个皮球停在一个距七八尺的小圈内，这看来简直像演狗戏，又像猪用鼻子在地下觅食。

令你在水桶内咬水果，等你的头刚低下，两三个人从水里一按；在你起来吐水咳嗽时，他们大慈大悲预备好一块手巾给你揩鼻涕、眼泪。

地板上写好了东南西北，要你站在当中蒙了眼睛，四五人围着你像推磨般的转移，站定的时候要你指出你是对那方？

睡在地下打滚，这简直是玩弄小狗。

要你披着一个大褥垫从东墙跑到西墙再回来。只听见那光脚板打在地板上发出极沉重的声音。

蹲在一根［荡木］上甩来甩去，令你拿取地上一个立着的木棒，这木棒的位置是恰好给你的手差五分才够得上，这是猴子的玩艺儿。

"反对者下水"贴在游泳池门口，一个云南同乡熊君已玩过这套把戏，幸好他会游水，不然闷不死也要吃几口水。

听说今晚睡到半夜还有人来拉他们的被，一个 model 被掷到大操场上。

我们已经看相当长的时候了，这种表演却是拿钱都买不着看；过后只替那

些新生可怜!

被拖尸的新生,大多敢怒不敢言,忍忍就过去了。大不了来年去拖尸下年新生,颇有媳妇熬成婆的意味。1932年9月7日,参观清华的聂耳正好看到了当天迎新时对新生像"玩弄小狗"似的捉弄,"替那些新生可怜"。但聂耳觉得"新生们对于这种玩弄不见得学旁人样的觉得可怜,因为他们还有着报复的希望的;好像婆婆待媳妇一样,一代还一代"。实际上聂耳还是想简单了。有忍让的,也有忍无可忍起来反抗的,一些行动力强的大学新生起来组织反拖尸队伍。

第一次参观清华,给聂耳留下极为深刻印象。"'清华'的环境着实太好了,我玄想着要是我现在是里面的学生,我将会很自由地跑上大礼堂去练习音乐,到图书馆去读书,到运动场去打球,……一时思潮起伏,追忆起学校生活的乐趣。"9月8日,聂耳来到燕京大学,一对比便感慨"到底没有'清华'讲究"。

在北京期间,为了提高演奏水平,从9月12日到10月15日,聂耳找著名的俄国小提琴家托诺夫辅导。这一个月期间,聂耳收获巨大。他觉得托诺夫教授方法好,"托诺夫着[实]是个好教授,他很注意piece演奏,常学下去一定可以学很多的concert,并且他看我的技术还不低"。

托诺夫对聂耳的才华也很欣赏,也对聂耳寄予厚望。9月17日的辅导,托诺夫"先叫我拉scale,后来问我Mazas怎样。我说第一本已练完,他要我给他第二版.,Legato Exercise,Schradieck拉7th position给他看,调子拉Sovvenir de Moscow,Gypsy Air,Minuet(Mozart);他非常满意"。"他说我的左手很好,右手持弓是德国的老派持法,现在这些violinist都不是如此持法,他把我的食指移进来,多部分地握着弓,这样觉得比较紧些。"在9月25日日记中,聂耳写道:"到北平来算是第一次拉了这么长的时候,自上午八点钟拉倒下午四点钟。这也是逼得不能不如此,托诺夫把我看高了。他给我这piece是一个显技巧的东西,作曲者Viotti是和大演奏家Paganimi同享盛名的,曲里着实有困难的地方。"应当说,短短一个月,聂耳收获巨大。当聂耳假托家庭经济困难离开北京向托诺夫告别,诺托夫很遗憾地说"啊!这是一个顶大的障碍对于你的功课上,你是一个顶聪明的孩子,你将来的提琴会拉得不错的。"

　　托诺夫 1930 年 9 月来清华任教，除了教授小提琴、钢琴外，还担任军乐队指挥，将军乐队训练成北方较有影响的管乐队。托诺夫熟悉清华重视文艺的传统，鼓励聂耳考清华。"托诺夫鼓吹我入'清华'，只要能 pass 过入学试验，你尽可在里面把音乐当饭吃。"但聂耳最后还是没有报清华，而是报了北平大学艺术学院。可惜的是，聂耳落榜了。

　　10 月 28 日，清华大学东北同乡会在大礼堂举行为抗日义勇军募捐的游艺会，请聂耳参加演出。这次演出邀请"芭莉芭剧社"（俄语"战斗"）。在此之前，聂耳海参加了 10 月 16 日在朝阳大学举行的募捐游艺会演出，并在会上认识了清华学生、也是托诺夫学生的陆以循。"五点半由中［南］海起身，西直门坐洋车去的，几个冷包子、干烧饼便算混过晚饭。"在清华大礼堂，聂耳小提琴独奏了《国际歌》，老志诚钢琴伴奏。当晚还演出四个独幕剧，"所演出的剧以《战友》为差，其余《S.O.S.》《一九三二年的月光曲》《乱钟》还不错。"

　　当天清华的演出，还有点小小波澜。聂耳准备的节目是演奏《国际歌》，但在开幕前，有人不同意，同时一些学生也起哄。但聂耳还是坚持演奏。当晚，在清华还出现了一些反对标语，为此剧团还提出了抗议。

　　当天在清华食堂，聂耳遇到了吴宗济。吴宗济热情地带聂耳到宿舍，并给聂耳看上年罗明佑生日联欢会签名簿。

　　第二天上午，聂耳等在大礼堂前（按《聂耳日记》这样写，可能有误。清华进城，汽车一般停在校门口。）等车回城。有人邀请他跳非洲舞，聂耳说："你们别忘了这儿是 Gentlemen's University。"可见聂耳对清华的向往之情。但聂耳还是欣然接受。"他跳得活跃而欢快，大家都非常高兴。他又带头唱起革命歌曲，大家都兴奋地跟着唱。雄壮嘹亮的歌声震动着清华园，很多围着看的同学都热烈鼓掌欢迎。聂耳很激动，唱了一个又一个，《国际歌》唱了好几遍，在汽车上一直唱到西直门。"

　　在北京，聂耳没有固定的经济来源，"没有生活费、学费，心神不定。生活一点也不紧张。会馆里不能充分地用音乐功夫，换句话说，这不是学音乐的环境"。同时，他始终在思考日后的道路，是立刻投向高涨的文艺救亡活动，还是在大学深造进一步提高。他在 9 月 7 日参观清华当天的日记中写道："我想到若是进了平大艺院，重新再度学生生活，这会给我感到何等的悠闲，更想到以后参加'清华'的乐队演奏。但是，回头想想过了两三年的平静生活以后将怎样？！算了吧，还是不要异想天开！赶紧决定走那条路？1.在北平？2.回上海？"很快，聂耳也做了决定，要投入火热的救亡运动中去。他在9月8日日记中写道："老实说，考什么学校？我何必要这样软化下去？！我回到上海去有着我紧要任务，试问我进三年的学校比做三年的事是那一道的希望大些？就说音乐吧！在北平，尤其是在'艺院'，绝不会比上海好的。何况我在上海还有免费的教员。"正如他所说，"以后将更勇敢地去实践人生，在这里面取得伟大材料创造伟大的作品"。

11月5日是聂耳在北京最后一天，也遇到了本年第一场雪。聂耳以抒情的笔调写道："下雪了！多美！这是今年北平的第一次下雪，她庆祝我在北平第一次演剧的成功！她欢送我明天的离平。"离开北京后，聂耳到了上海，全身心投入火热的救亡运动。但他对北京的这段生活仍念念不忘。1936年7月，聂耳饱含感情地写道："北平生活把我泛滥洋溢的热情与兴趣注入正流的界堤。"

北京雪景图（寸丽香　摄）

聂耳在北京生活片段 [1]

雷 波 [2]

  古稀之年的老人，对于昨天发生的事情很容易淡忘，但是对于某些印象深刻的往事，哪怕过去半个多世纪，也无法忘怀。"聂耳、张天虚、小寡妇哭坟、千叶宝田……"的故事，从小至今不知道听我的三舅（高杰夫）、母亲（高谨辉）、父亲（雷溅波）他们叨念过多少次，而今依旧深深存活在他们心中。

北平忆故二三事

  1932 年就读于日本东京帝国大学预科（第一高等学校）工学部的中国留学生高杰夫，回到北平过暑假，在大哥的同学江应梁关照下，住在当时北平宣武门外，教场头条口的云南会馆。那是个四合院。会馆里已住了不少云南同乡。聂耳、陆万美、张天虚（张鹤）也住在这里。这些热血青年们，都在追求或探索着自己理想的人生道路。白天各忙各的，在大院里见不到几个人。夜晚，人们陆续回院，有的人就相互走访。高杰夫最喜欢聂耳那热情待人、活泼健谈的性格，常去他屋里聊天。无论国事、家事、天下事，聂耳都能把它讲得淋漓尽致。累了，就拨弄一阵琴弦，让你也来个艺术享受。

  不久，高杰夫的大哥从日本早稻田大学回北平度暑假，在他的倡议下，部分云南同乡相约迁到香山去住。这一举措使同乡们游香山来往更方便了。聂耳、全振环、杨协芳都是这里的常客。有一天，大家凑齐了，约着同登香山一

---

① 节选自《三位老人心中的聂耳》，原载于《云南文史丛刊》，1998 年第一期。
② 雷波，女，云南人，曾任云南省社会科学院民族研究所副所长。

览北国秋色。在攀山途中。发生了一件有趣的事：人们只顾走路，突然从林中传来一阵凄楚的哭声，大家驻足细听，又恰似我们云南人哭坟，而且是个妇女在哭，这个"女人"边哭边数落着云南人听惯了的腔调。一时间个个都懵了，你看看我，我瞅瞅你，猛然有谁发现聂耳不见了，这才恍然大悟，"一定是俏皮的聂耳在鹦鹉学舌"。大伙随声追寻，发现果然是聂耳在模仿"小寡妇哭坟"。至今高杰夫对聂耳的这场"表演"仍记忆犹新，而且佩服他的乐感才华和触景生情的能耐。

在闲常时刻，高杰夫还听过聂耳用家乡的土话学玉溪跑堂倌的吆喝声。你只要听上一阵，就仿佛置身于生意兴隆的玉溪小镇的热闹环境中去了。这一年十一月初，高杰夫离开北平回云南的那天，聂耳和几位云南老乡一同到火车站。聂耳平时待人一往情深，殷切炽热，但他的感情表达方式总是与众不同。这一次送别时，火车就要起动了，聂耳不掉泪不挥手，就在大庭广众下，扭动起他灵活的身躯，翩然起舞，唱起家乡的花灯调，顿时让车外、车内的人们在一阵阵欢笑声中阔别亲友，离开北平。高杰夫说，任何时候，只要聂耳在场，人们就有欢乐。

不应淡忘聂耳

肖复兴[①]

情人节过去了，很多人在这一天被爱情之花熏醉，却很少人记得，国歌《义勇军进行曲》曲作者聂耳是出生在 1912 年情人节这一天的。在众多缤纷如花的音乐家和歌星中，聂耳已经淡出了不少人的视野。在聂耳 100 周年诞辰之际，除了昆明和北京有纪念他的音乐会，别的地方没有什么纪念活动。不禁想起去年，是奥地利音乐家马勒逝世百年，国家大剧院举办了盛大的纪念演出季，演出了马勒十部交响乐。如此冷热对比，淡漠我们自己的音乐家，令人唏嘘。在聂耳百年诞辰和 110 周年诞辰之际，也很少见到报端对他的介绍和纪念文字。

不禁想起法国历史学家比尔·诺哈说过的话，随着消费时代的到来，以发展为指归的现代宏大叙述正在登场。于是，这样的现代化的大叙述必然要抹杀以往的记忆。如今，不幸被他所言中，对聂耳的淡忘和忽略，正是这样被抹杀的记忆中的一种。尽管是无意，但这样的无意或许更为可怕，因为这几乎是集体的无意识，在潜移默化中也已麻木了我们的神经。

消费时代的到来，我们的目光容易变得近视，只盯着眼皮底下，注意力集中在追光之下的方寸之地。因此，不要说如蒲公英一样漫天飞舞的歌星吸引人们的眼球，就是浅薄逗笑的笑星名字都可以耳熟能详，将一个历史中的音乐家

---

① 肖复兴，1947 年生，原籍河北沧州，现居北京。曾任《人民文学》杂志和《小说选刊》副主编。1966 年高中毕业于北京汇文中学。1968 年到黑龙江生产建设兵团（现今北大荒农垦）插队。1978 年考入中央戏剧学院。2010 年凭借《京城旧事》获得"上海文学奖"。2013 年，《我的读书笔记》入选"2013 青少年推荐阅读图书"。

遗忘，便是再正常不过的事情了。因为，在当下，历史也是被用来消费的，所以，我们才会看到被重新组装的眩人耳目的谍战剧或古装剧在流行。

如果说，权力和资本可以书写历史，那么，文字和声音也是可以书写历史的，音乐就是声音书写历史最好的载体。在我国，诞生在烽火年月的《义勇军进行曲》就是那个时代最强音，还能找得到一首与之比肩的歌曲吗？没，它当之无愧众望所归地成为中华人民共和国的《国歌》。这是发自一代人心底共鸣与共振的声音，所以，聂耳永远应该被我们怀念。

1940 年，美国黑人歌手保罗·罗伯逊，第一次听到《义勇军进行曲》，非常激动，他努力克服困难，学会了歌中的中文，并在纽约音乐广场用中英文演唱了《义勇军进行曲》。他用音乐向浴血奋战的中国人民致敬，也向聂耳致敬。他后来出版了包括这首《义勇军进行曲》在内的歌曲唱片，起名就是这首歌曲的英文名《起来》。而且当年保罗·罗伯逊预言，这首歌曲将会成为中国的《国歌》。以后，一直到他去世之前，他还希望到诞生过聂耳这样伟大音乐家的中国来访问。只是因为当时的种种原因，他未成行，这成为他一生的遗憾。

一个与中国相距遥远的人，一个与聂耳素不相识的美国歌手，还会对聂耳拥有如此深厚的感情，作为一个中国人，对自己国家《国歌》的作者，应该有更深的敬意。

会唱《国歌》，当然重要；记住《国歌》的作曲者，了解当年的创作背景，更为重要。它不仅象征着我们民族的精神，也表达着我们对历史的一种态度。

怀念篇

向你致最诚恳的敬礼 [①]

冼星海 [②]

聂耳的创作精神和不断的努力是在中国一般青年音乐作曲者中我很佩服的一个，我虽然没有和他会过面，我却被他的大众歌曲所感动。他给我们力量，他给我们鼓励和希望。目前中国处在一个非常时期当中，我们忘不了聂耳给予国家的最宝贵的贡献；并且他指示一条新的路径给年轻的中国音乐作曲者们，他的歌声，增强了我们的国防，并且慰藉了千千万万的英勇战士们。

我们纪念聂耳，我们不忘聂耳，我们向他致最诚恳的敬礼！

拿我们的努力来纪念死者！

[①] 原刊《立报》（上海），1937 年 7 月 17 日。

[②] 冼星海（1905—1945），又名黄训、孔宇，祖籍广东番禺，生于澳门。1918年入岭南大学附中学小提琴。1926 年入北京大学音乐传习所、国立艺专音乐系学习。1928 年进上海国立音专学小提琴和钢琴。1929 年去巴黎勤工俭学，从师于著名提琴家帕尼·奥别多菲尔和著名作曲家保罗·杜卡。1931 年考入巴黎音乐院。在肖拉·康托鲁姆作曲班学习。留法时创作《风》《游子吟》《d 小调小提琴奏鸣曲》等作品，1935 年回国后为影片《壮志凌云》《青年进行曲》和话剧《复活》《大雷雨》等配曲。创作《救国军歌》《只怕不抵抗》《游击军歌》《路是我们开》《茫茫的西伯利亚》《祖国的孩子们》《到敌人后方去》《在太行山上》等作品。1938 年任延安鲁迅文学艺术学院音乐系主任。创作《生产大合唱》《中国狂想曲》等作品。1945年病逝于克里姆林宫医院，当年 11 月 14 日，延安隆重举行"冼星海追悼会"，毛泽东主席亲笔题词"为人民的音乐家冼星海同志致哀"。

在抗战中纪念聂耳 ①

冼星海

记得我在上海北四川路上海大戏院开第一次纪念聂耳同志的会时，我们拥有几千的群众在座，并且唱出最雄亮的《义勇军进行曲》的歌声，好像要向日本帝国主义的走狗（特务机关）示威。当时的情形非常兴奋，使民众感觉到民族的呼声的伟大，不愿做奴隶的正义，反帝的坚决信念。

今年我们在抗战中去纪念聂耳，已是他逝世的第四周年了！在我们遍地炮声的国土里，而我们同时又是在遍地雄亮的抗战歌声里，我们每一个为民族解放斗争的国民，不应该忘记我们民族唯一的民众真正的歌曲家，他无时无刻不是站在我们抗战勇士的前面。

为了纪念他，我们要了解和学习他，尤其我们一班喜欢研究音乐的人和对中国新兴音乐有伟大发展前途的音乐工作者！

聂耳同志原名守信，他是云南人，出身贫寒。在师范毕业后，他当过兵，流浪过一段时期。当他流浪到上海时，他在一个歌舞团服务过。他自己非常用功和虚心学习，在服务的两三年时间里，他学习了不少的音乐，建立了一些基本的音乐学识。不久他在上海的联华影业公司、百代公司工作，在这时期已写了不少划时代的作品。如《大路歌》《开路先锋》《新的女性》《义勇军进行曲》都是这时期的作品。因为他不满足自己，所以他有到苏联学习的期望，以期达到技巧和理论双方并进。经过日本时他要多学习一下，就停留在日本，不幸就溺死于日本海滨了。

---

① 1939 年 7 月 17 日写于延安鲁艺，是冼星海为聂耳逝世四周年而作。

他虽然只有 24 年的短促生命，但他从不浪费他的时间，对于学习，尤其苦心，他宁愿过着很穷苦的生活，从不曾放弃过学习音乐。他不浪费时间在恋爱上，他不做无谓的空想。

他的作品是战斗的，他要用歌山唤醒民众；他的作品又是反帝、反封建、反军阀的，是有历史意义的伟大产品。他的作品能反映中国群众的需要，为千百万群众所接受与传诵。他是新音乐的创作者，利用民谣形式加上新内容的第一人。他的全部作品，虽然不过几十首，但已是代表民族的现实生活的反映。

许多人说他是欠缺修养和音乐上的最高技巧，这并不是全对的。从他的努力、现实生活及创作的成绩而论，已超过许多所谓音乐大师或什么作曲家之流。正因为他觉得自己不够，他在虚心和努力学习里已在无形中超过许许多多的有名无实的"音乐大师"。

我们纪念聂耳同志不是人云亦云，我们要纪念他是我们民族的一个伟人；是代表时代，代表我们民族发出反抗呼声的一个永远不灭的伟人！

他没有死！他永远是年轻的，他生长在每个年轻人的心里。在抗战期间，他领导着我们高歌着雄亮的进行曲。他永远鼓励我们前进！

1939 年 7 月 17 日冼星海等纪念聂耳

感念聂耳

白庚胜[①]

  一个夕阳西下的时分，我漫步在浅湿的海滩，看富士山幻化在苍烟落照之中，听涛声似闷雷传递自太平洋的深处。

  忽而沉雄，忽而激越，浪花跳跃如音符，晚风劲吹赛奔马，我的心底乍起《义勇军进行曲》的旋律。我的思绪回到悠远的岁月——1935 年 7 月 17 日下午，一曲高歌刚刚惊醒古老的神州，一个英灵便殒命异乡，成为神奈川县藤泽市的不归之客，也成为他的故乡永远的悲痛，以及他的苦难的祖国与不屈的民族永远的遗憾。

  年仅 23 岁的聂耳凋谢了，仿佛是傲雪的寒梅残败在初春的霜冻之中。一位天才乐手消失了，但他与大海合一，只要大海不停止心跳，他的歌就永远不会停歇：一树圣洁的玉兰坠地了，但他"化作春泥更护花"，将永远报道春讯、催熟秋实，留给大地一片金。

  聂耳是山国的儿子，他厚重、敦实，拔地擎天，勇于担当是他的本性；聂耳是高原的精灵，他宽阔、广远、兼容并包，高瞻远瞩是他的气度；聂耳是湖潭的神使啊，他深邃、纯净、玉洁冰清，灵动颖悟是他的天质。仿佛是命定要为祖国而歌唱：他傣汉合脉，血管中回荡中华的音律，似乎必定要拯救同胞于既亡；他出生于中医世家，音乐成为他济世的灵丹。聂耳，风骨如路南石林，

---

  ① 白庚胜，纳西族，云南丽江人，文学博士，研究员，中国社会科学院研究生院教授。先后担任中国社会科学院少数民族文学研究所研究员、副所长，中国少数民族文学学会理事长，中国民间文艺家协会副主席、分党组书记，国际纳西学学会会长，国际萨满学会副主席，中国文联主席团委员、书记处书记，中国作家协会党组成员、书记处书记。现任十三届全国政协常务委员，中国作家协会副主席，丽江市委市政府顾问。

行色似下关疾风，激情像腾冲火山。准备着，一切都在准备着。以山歌民谣为启蒙，用花灯滇戏作内蕴；他用心雨拍击西双版纳的芭蕉，他以赤足拨弄茶马古道的丝弦。聂耳啊，在哈尼梯田的线谱上书写劳动、自由、爱情；从巴乌、芦笙、口弦的天韵中感知天成、本真、和谐；在讲武学堂的刀光剑影中听到了李家山青铜文明的袅袅余响；在护国军队的号炮齐鸣中经受了欧风美雨的洗礼；怒江、红河、澜沧江助推你冲出了山的重围、涧的阻碍，直奔印度洋、涌往太平洋；滇越铁路的双轨，则托起你的、云南的、中国的梦想驶向远方、驶向未来。

聂耳从 170 万年前的"元谋人时代"走来，投向 20 世纪的伟大社会变革；他从红土地上走来，去拥抱五洲的风云、四海的怒涛。在昆明、郴州、广州，他苦苦寻找正义、真理、信仰！在黄浦江畔，他面对从巴颜喀拉山、玉龙山、峨眉山一路流来的辛酸、悲哀、不幸；在燕山之麓，他看到的是万里长城的不屈、反抗、尊严！聂耳啊聂耳，他曾试图从教、从军、从影救国救民，因为四分五裂的祖国老迈麻木、病入膏肓、任人宰割，除了四万万同胞的唉声叹气，听不到荆楚奏编钟、徐沛唱大风，看不见燕赵有击节、长安鸣大吕。

于是，他在黑暗中寻求前行的方向，他从迷雾里感知时代的主题，他于生活深处激发艺术的灵感，他自劳苦大众中锤炼民族的绝响。从"翠湖春晓""山国情侣""金蛇狂舞"到"开路先锋"，聂耳把自己融汇于民众中、民族里；在"开矿歌""毕业歌""新的女性"与"奴隶的起来"间，聂耳寻找到改天换地的力量。松花江畔的炮声让他警顽起顿，白色恐怖更增添他的壮志豪情。他演艺、作曲，他入党、出国。一切的一切，都是为了用头颅撞击五千年的晨钟暮鼓，用灵魂守望长江与黄河母亲。像孺子牛一样耕耘满目疮痍的大地，他播种爱与尊严；如擎天柱般坚挺于中流，他任凭浪击澜摧。终于，他用全部的生命轰响《义勇军进行曲》的宏音，发出风云时代的最强音，振奋中华民族的精气神，寄托中国人民的理想与信念，催生伟大祖国的新纪元。就这样，东海扬起头颅，太行挺直脊梁，中原敞开胸怀，大兴安岭举起臂膀；就这样，万众一心一意，全民共同步伐，世界齐声歌唱；就这样，它令万泉河作和声，它叫内蒙古草原的小草变坚强，它使塔里木盆地的散沙大凝聚，它引发五湖四海的尊崇与礼赞。

看，昆仑崩雪，大江东去，长河落日，旧世界的宫殿在聂耳的歌声中动摇、坍塌；看啊，春潮涌起，新绿满眼，神州锦绣，新中国的朝阳在聂耳的歌声中升腾、璀璨。听，马蹄声声，军号咽咽，惊雷震荡，数不尽的屈辱、哀伤、痛苦、仇恨在他的笔端化作长烟；听啊，流泉淙淙，和风习习，莺歌鹂唱，长久期盼的独立、解放、繁荣、富强在他的琴键上坚定从容。

聂耳，他让我们捍卫人的尊严，不甘为奴隶；他让我们强盛，用血肉筑起新的长城；他让我们居安思危、危中求生、生生不息；他让我们奋争和创新，直到永远、永远。万里长征、抗日烽火、三大战役、建国大业、抗美援朝，聂耳鼓舞我们去战斗；开启改革开放，发射两弹一星，重返联合国舞台，回收港澳，漫步太空，聂耳感召我们从胜利走向胜利。

在一个夕阳西下的时分，我漫步在鹄沼浅湿的海滩，看富士山顶残阳如血，想祖国正是艳阳中天。

暮霭遮不断望眼，涛声掩不掉思绪。《中华人民共和国国歌》是奔腾不息的大海，聂耳是鼓荡大海的长风，浪花是中华不灭的火炬，它们永远鼓荡峻峭的礁石，永远激荡如烟的沙砾，永远闪耀炎黄子孙的光彩。

聂耳啊聂耳，云南的赤子，中国的骄傲，人类的光荣，你与你的音乐一道永葆青春。聂耳啊聂耳，国驻你心中，你在《国歌》里：你与中华共存，祖国和你同在：你为人民放歌，人民必将把你永记。

原载于《人民日报》副刊 2012 年 12 月 11 日

聂耳涅槃在北京

——纪念聂耳诞辰110周年

赵云红[①]

自幼音乐天赋突出的聂耳为何来北京？在北京有何收获？与他创作《义勇军进行曲》相关吗？

纪念聂耳诞辰110周年之际，笔者就上述三问进行了研究，有点心得，愿与读者分享。

到北京之前，在聂耳离开云南后，他曾到过或路过越南、广西海域，经中国香港，到达广东、湖南，虽在军营，但从聂耳日记中可知，他从未停歇对自己命运和祖国前途的担忧。滇系军阀范石生部在昆明招"学生兵"，大背景是北伐滇军扩军备战的需要，然而因"滇军勇冠全国"中，也有思想与文化的领先之处，范部因"剿共不力"而被解散，聂耳的军旅生涯也被迫中止。他的第一次离乡远行之旅也暂告一段落。

但聂耳一直向往外面的世界。

聂耳对北京的向往，他在日记中已有记载，在1932年8月10日的日记中，他曾登报说自己脱离明月歌剧社，随即乘船离沪北上，经天津来到他久已向往的古都北京。他希望在这个富有文化传统的古都北京得到一份新的职业，或者实现自己长期梦寐以求的上大学或进艺术专科学校学习的愿望。

到了北京，聂耳在宣武门外校场头条三号的云南会馆里。刚到北京的第三

---

① 赵云红，女，白族，云南大理人。中国音乐学院教授、硕士生导师、声歌系声乐教研室副主任。外交部外交官合唱团艺术总监、荣誉团长。

天，他就自己动手用破木板制作了一个乐谱架，计划着每天坚持小提琴的基本练习。但最初的日子里根本静不下心来学习。会馆里住了不少从云南出来的老同学。老友重逢，分外亲热。他们一起热情地陪伴聂耳游览北平的名胜古迹：故宫、北海、颐和园……都市风光，故交真情，一次次令年轻的聂耳流连忘返。

直到参观倾慕已久的清华大学时，更加激发起聂耳最初的心愿：他的北京之行是要进艺术学院深造。

清华园里，绿树成荫，蝉鸣如乐。在早晨清新的空气里，手捧一本《音乐的常识》，一面散步一面看。路过运动场时，几个练长跑的同学从自己的身旁掠过，跟着一阵气喘之声随风飘来。这样的学校生活，已经隔绝了两年多。假如能够重新回到学校，他将自由自在地跑到大礼堂练琴，无牵无挂地坐在图书馆埋头读书，快快乐乐地去运动场打球……美好的憧憬，再一次撩拨起聂耳心中强烈的求学欲望。

他决定去北平国立艺术学院试一试。

可是，他还是静不下心来复习。亲朋好友，依旧走马灯似的在他身边来去。偶尔见到一张报纸，他会克制不住地一遍遍细读报上的电影栏目，看着那些熟悉的名字，想象那些熟悉的人正忙碌地拍一部新电影，排一出新歌剧……他又犹豫了，不知上三年学和做三年工作哪一样更有成效，更有希望。

他 1932 年 11 月进入了联华影业公司一厂工作，参加"苏联之友社"并组织"中国新兴音乐研究会""参加了左翼联合音乐家联盟音乐组的相关演出与活动，报考北平艺术学院音乐系。带着一颗忐忑疑惑的心走进了考场，考场规则很严，聂耳的自我感觉也不错。毕竟在专业艺术团体里待过一阵子，对自己还是有信心的。但结果令人遗憾，他未能通过公共课的考试。其后他也报考过上海国立音专小提琴专业，也没能被录取。虽然几次尝试均失败了，他并不十分懊恼。也许是在"明月歌剧社"所受的打击，无形中增强了他承受挫折的心理能力。更何况，这也算不上什么大挫折——不能入学他也同样可以继续学习热爱的音乐。

聂耳决定拜当时北京最著名的俄籍小提琴教授托诺夫为师，他每周两次去学琴。托诺夫收取的学费在当时相当高昂，每月二十元。聂耳不得不为了音乐又一次将大衣送进当铺。

聂耳学得非常认真刻苦，每次上课都像去参加正式的音乐会演出，从开始课程直到下课，从不敢有丝毫的松懈。托诺夫对聂耳专业进展十分满意，多次表示他非常喜欢这位用功的好学生。

聂耳听了，内心暗暗高兴，一心指望这位老人也能像普杜什卡老师一样，珍爱自己的才能，同情他的处境，让他免费学习。

他对自己的学业，更加精益求精。虽然托诺夫是社会上普遍尊敬的学者，音乐界威望很高的音乐名师，他教授学生收费也是一丝不苟的，他也会鼓励聂耳："你是一个顶聪明的孩子，将来的提琴会拉得很不错。"

这不是托诺夫的错。

一个人生活在社会上，本不该对他人心存非分之想。别人的好意固应珍惜，却不能由此要求天下人都对自己额外施恩。

聂耳虽然想通了这个道理，心中更加感激义务教授他的音乐教师普杜什卡，也更加想念上海。

冬天快要来了，北风一天比一天凛冽刺骨。北国的冬天，对于自幼生长在春城昆明的聂耳来说，简直像个冰窟。他的工作一直没有着落，学费更成了无力承受的重担。离开北京已势在必行。值得欣慰的是，在最近的两个月里，他结识了一批志同道合的朋友，他们和他一样，热爱音乐，热爱戏剧，热爱祖国，热爱人生，却比他更坚定，更投入。这是一批积极投身共产党领导的左翼文艺运动的青年，他们的生活都很艰苦，常常是喝点开水，啃点儿大饼就咸菜，凑合着度过一天。有的夫妻还带着一个婴儿，就挤睡在一张窄小的行军床上。但他们的精神世界却十分充实、富有，工作起来热情饱满，每天忙着读书、写稿、编剧本、排小品。聂耳看着这群踏实、努力的同龄人，内心无限感动，觉得他们着实比自己强得多，自己应该尽最大的可能，帮他们做一点实际的工作。

在北京，聂耳虽然求学处处碰壁，但认识了一大批革命进步人士和艺术家。在他们的引领下，聂耳积极向党组织靠拢，参加中国共产党领导的左翼文化运动，投身于火热的革命斗争中。他积极为北平剧联的机关报《戏剧与电影》撰稿，并参加剧联组织的各种排练和演出活动，很快就成为剧联的活跃分子。1932 年 10 月，聂耳与众多音乐界人士共同筹备的北平左翼音乐家联盟正式成立。经过于北平剧联、音联战友们的并肩战斗，聂耳对党的革命事业有了更深刻的认识，决心把自己的青春献给党的音乐事业。

就在聂耳离开北京的前一夜，他们在东单外交部街北平大学俄文商学院演出。这是一个大院子，他们在屋里化妆，到露天的舞台上演戏。白天刚下过大雪，气温降到零下好几度，观众们冻坐在院子里的长条凳上，情绪却一直很高涨。聂耳主动要求扮演独幕剧《血衣》里的老工人，他穿得很单薄，站在台上浑身发抖，因为冷，也因为悲壮的剧情，他演得很投入，很感人，到最后自己也情不自禁地掉下了眼泪……他体验到一种献身于崇高事业的激情。

演出尚未结束，聂耳不得不匆匆离开，回到住处收拾行装。

聂耳在北京逗留的时间虽然短暂，但却是聂耳一生中非常重要的一页，为他后来的音乐创作打下了更加坚实的根基。在这热烈多变的三个月，却使他把自己洋溢的热情和才华融入时代斗争的洪流之中，他的人生又达到了一个新的高度。在此之前，他只知道他应该反对的，从今往后，他才真正认清了他必须坚持并为之奋斗的目标。

1934 年冬，聂耳主动请缨来完成《义勇军进行曲》的谱曲任务。拿到田汉手稿的聂耳看着歌词就已经感到热血沸腾，于是废寝忘食、通宵达旦地进行音乐创作。功夫不负有心人，聂耳成功地创作出一种新的音乐形式：对短小的动机和乐句加以发展，长短不一的乐句使音乐充满动感、节奏感的同时又富有变化性和多样性。同时，聂耳还对田汉创作的歌词进行了修改，在"起来！起来！起来！"后面加入"冒着敌人的炮火"和重复的三个"前进"增强了语气，音乐也在此时推向最高点，使人热血沸腾、斗志昂扬。"炮火"二字属实是妙，一瞬间就把人拉到了炮火纷飞的战场上。聂耳还在最后一句"前进！前进！前进！"的后面又加上了一个"进"字，变成了"前进！前进！前进进！"这一个字可谓是画龙点睛，读起来更加坚定、更加铿锵有力，同时更具结束感。1935 年 5 月 6 日，电影《风云儿女》上映，作为中国影坛上最早的宣扬拿起武器与入侵的日本帝国主义强盗作斗争的故事片引起了广泛关注，主题曲《义勇军进行曲》也因此家喻户晓。

附 录

1932 年

《进行曲》	口琴曲
《圆舞曲》	口琴曲
《天伦之爱》	歌舞曲

1933 年

《天矿歌》	田汉词　电影《母性之光》插曲
《饥寒交迫之歌》	董每戡词　话剧《饥饿线》插曲
《卖报歌》	安娥词　为报童"小毛头"而作

1934 年

《走出摄影场》	安娥词　女声独唱
《一个女明星》	安娥词　根据云南玉溪花灯《玉娥郎》编曲
《雪花飞》	柳倩词　儿童歌曲
《翠湖春晓》	民族器乐合奏曲
《金蛇狂舞》	民族器乐合奏曲
《昭君和番》	民族器乐合奏曲

《卖报之声》	武蒂词	儿童歌曲
《小野猫》	陈伯吹词	儿童表演唱
《打砖歌》	蒲风词	新歌剧《扬子江暴风雨》插曲
《打桩歌》	蒲风词	新歌剧《扬子江暴风雨》插曲
《码头工人歌》	孙石灵词	新歌剧《扬子江暴风雨》插曲
《苦力歌》	田汉词	新歌剧《扬子江暴风雨》插曲
《毕业歌》	田汉词	
《山国情侣》	民族器乐合奏曲	
《开路先锋》	孙师毅词	影片《大路》序曲
《大路歌》	孙 瑜词	影片《大路》主题歌
《飞花歌》	孙师毅词	影片《飞花村》主题歌
《牧羊女》	孙师毅词	影片《飞花村》插曲
《新女性》	孙师毅词	影片《新女性》主题歌

1935 年

《告别南洋》	田汉词	话剧《回春之曲》插曲
《春回来了》	田汉词	话剧《回春之曲》插曲
《慰劳歌》	田汉词	话剧《回春之曲》插曲
《梅娘曲》	田汉词	话剧《回春之曲》插曲
《逃亡曲》	唐纳词	影片《逃亡》主题歌
《塞外村女》	唐纳词	影片《逃亡》插曲
《打长江》	田汉词	影片《凯歌》主题歌
《采菱歌》	田汉词	影片《凯歌》主题歌
《铁蹄下的歌女》	许幸之词	影片《风云儿女》插曲
《义勇军进行曲》	田汉词	影片《风云儿女》主题歌

创作时间待考的作品

《省师附小歌》　　　张庚候词　校园歌曲

《无题（雪）》　　　手稿

《小工人》　　　　　安娥词　儿童歌曲

《伤兵歌》　　　　　安娥词　儿童歌曲

《白雪歌》　　　　　苗子词　歌曲

《春日谣》　　　　　鲁戈词　歌曲

《采茶歌》

《茶山情歌》

　　目前统计结果显示：聂耳一生共创作 43 首歌曲。7 首民族器乐合奏曲、口琴曲、歌舞曲，10 首合唱曲，男声独唱、领唱、伴唱歌曲 3 首，8 首女声独唱歌曲，8 首男女对唱、组歌、一般性歌曲，7 首摇篮曲、儿童歌曲。

后　记

每当雄壮的《义勇军进行曲》旋律奏响时，进行曲所凝聚的爱国情怀和民族精神，激励着一代代中国人为争取民族独立、人民解放，建设祖国，维护世界和平而坚强不屈、奋勇向前。

你可曾知道：这究竟是哪一位伟大的音乐家所创作？他，就是百年前一位来自祖国西南边陲云南的青涩少年——聂耳，而且是他年仅23岁时的遗作。从《国歌》激昂的曲调便可知晓：聂耳一定是一个不平凡的音乐家。

聂耳所创作的《义勇军进行曲》，从战歌成为《国歌》，再到写入宪法的历程，是中国共产党带领中国人民从夺取革命胜利到建设富强民主文明和谐美丽的社会主义现代化强国伟大征程的历史见证。聂耳110周年诞辰之际，出版《聂耳在北京》一书，旨在彰显价值引导力、文化凝聚力、精神推动力；出版《聂耳在北京》一书，希望能为振奋中华民族精神，唱响中国声音，教育鼓舞广大人民群众尤其是青少年铭记历史、团结奋进尽一份绵薄之力！

《聂耳在北京》立足讲好"聂耳和《国歌》的故事"，赓续红色血脉、传承红色基因，大力弘扬以爱国主义为核心的伟大民族精神，广泛凝聚奋进新征程的磅礴力量。

寸丽香

2022年1月

项目策划：段向民
责任编辑：武　洋
责任印制：孙颖慧
封面设计：武爱听

图书在版编目（ＣＩＰ）数据

聂耳在北京 / 寸丽香主编 . -- 北京 ：中国旅游出
版社 ，2022.3（2022.9 重印）
　（爱国主义教育丛书 . 聂耳三部曲）
　ISBN 978-7-5032-6866-3

　Ⅰ . ①聂… Ⅱ . ①寸… Ⅲ . ①聂耳（1912-1935）—
生平事迹 Ⅳ . ① K825.76

中国版本图书馆 CIP 数据核字（2021）第 251992 号

书　　名：聂耳在北京

作　　者：寸丽香
出版发行：中国旅游出版社
　　　　　（北京静安东里6号　邮编：100028 ）
　　　　　http://www.cttp.net.cn　E-mail:cttp@mct.gov.cn
　　　　　营销中心电话：010-57377108，010-57377109
　　　　　读者服务部电话：010-57377151
排　　版：北京旅教文化传播有限公司
经　　销：全国各地新华书店
印　　刷：三河市灵山芝兰印刷有限公司
版　　次：2022年3月第1版　2022年9月第2次印刷
开　　本：720毫米×970毫米　1/16
印　　张：10.5
字　　数：170千
定　　价：59.80元
ＩＳＢＮ　978-7-5032-6866-3
